초등 문해력
향상 프로그램
어휘편

어휘가 보여야
문해력이 자란다

문해력 잡는 초등 어휘력

D-2 단계

· 초등 6학년 이상 ·

초등교과서에 나오는 과목별 학습개념어 총망라
★ 문해력 183문제 수록! ★

아울북

문해력의 기본,
왜 초등 어휘력일까?

21세기 교육의 핵심은 문해력입니다. 국어 사전에 따르면, 문해력은 '문자로 된 기록을 읽고 거기 담긴 정보를 이해하는 능력'입니다. 여기에 더해 글을 비판적으로 읽고 자신만의 관점을 가지는 것 역시 문해력이지요. 그러기 위해서는 문장을 이루고 있는 어휘의 뜻을 정확히 알고, 해당 어휘가 글 속에서 어떤 역할을 하고 있는지 깨닫는 과정이 필요합니다.

초등학교 3~4학년 시절 아이들이 배우고 쓰는 어휘량은 7,000~10,000자 정도로 급격하게 늘어납니다. 그중 상당수가 한자어입니다. 그렇기에 학년이 올라가면서 교과서와 참고서, 권장 도서 들을 받아드는 아이들은 혼란스러워 합니다. 해는 태양으로, 바다는 해양으로, 세모는 삼각형으로, 셈은 연산으로 쓰는 경우가 부쩍 늘어납니다. 땅을 지형, 지층, 지상, 지면, 지각처럼 세세하게 나눠진 한자어들로 설명합니다. 분포나 소통, 생태처럼 알 듯 모를 듯한 어려운 단어들이 불쑥불쑥 등장하기 시작합니다.

우리말이니까 그냥 언젠가 이해할 수 있겠지 하며 무시하고 넘어갈 수는 없습니다. 초등학교 시절의 어휘력은 성인까지 이어지니까요. 10살 정도에 '상상하다'나 '귀중하다'와 같이 한자에서 유래한 기본적인 어휘의 습득이 마무리된다는 연구 결과를 내놓은 학자도 있습니다. 반대로 무작정 단어 뜻을 인터넷에서 검색하고 영어 단어를 외우듯이 달달 외우면 해결될까요? 당장 눈에 보이는 단어 뜻은 알 수 있지만 다른 문장, 다른 글 속에 등장한 비슷한 단어의 뜻을 유추하는 능력은 길러지지 않습니다. 문해력의 기초가 제대로 다져지지 않는다는 의미입니다.

결국 자신이 정확하게 알고 있는 단어를 통해 새로운 단어의 뜻을 짐작하며 어휘력을 확장시켜 가는 게 가장 좋습니다. 어휘력이 늘어나면 교과 개념을 정확하게 이해하고, 학습 내용도 빠르게 습득할 수 있지요. 선생님의 가르침이나 교과서 속 내용이 무슨 뜻인지 금방 알 수 있으니까요. 이 힘이 바로 문해력이 됩니다. 〈문해력 잡는 초등 어휘력〉은 어휘력 확장을 통해 문해력을 키우는 과정을 돕는 책입니다.

정춘수 기획위원

문해력 잡는 단계별 어휘 구성

〈문해력 잡는 초등 어휘력〉은 사용 빈도수가 높은 기본 어휘(씨글자)240개와 학습도구어와 교과내용어를 포함한 확장 어휘(씨낱말) 260개로 우리말 낱말 속에 담긴 단어의 다양한 뜻을 익히고 이를 통해 문해력을 키우는 프로그램입니다. 한자의 음과 뜻을 공유하는 낱말끼리 어휘 블록으로 엮어서 한자를 모르는 아이도 직관적으로 그 관계를 파악할 수 있습니다. 초등 기본 어휘와 어휘 관계, 학습도구어, 교과내용어 12,000개를 예비 단계부터 D단계까지 전 24단계로 구성해 미취학 아동부터 중학생까지 수준별 학습이 가능합니다. 어휘의 어원에 따라 자유롭게 어휘를 확장하며 다양한 문장을 구사하는 능력을 기르는 동안 문장 사이의 뜻을 파악하는 문해력은 자연스럽게 성장합니다.

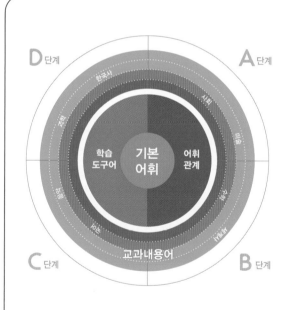

기본 어휘
초등 교과서 내 사용 빈도수가 높고, 일상적인 언어 활동에서 기본이 되는 어휘

어휘 관계
유의어, 반의어, 동음이의어, 도치어, 상하위어 등 어휘 사이의 관계

학습도구어
학습 개념을 이해하고 논리적으로 설명하는 과정에 쓰이는 도구 어휘

교과내용어
국어, 수학, 사회, 과학, 한국사, 예체능 등 각 교과별 학습 내용을 정확히 이해하는 데 필요한 개념 어휘

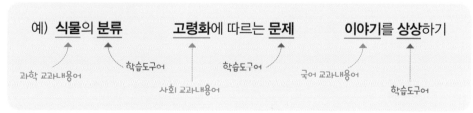

어휘력부터 문해력까지, 한 권으로 잡기

씨글자 | 기본 어휘

기본 어휘
하나의 씨글자를 중심으로
어휘를 확장해요.

씨낱말 | 학습도구어

확장 어휘 – 학습도구어
둘 이상의 어휘 블록을
연결하여 씨낱말을 찾고
어휘를 확장해요.

씨낱말 | 교과내용어

확장 어휘 – 교과내용어
둘 이상의 어휘 블록을
연결하여 씨낱말을 찾고
어휘를 확장해요.

어휘 퍼즐

어휘 퍼즐
어휘 퍼즐을 풀며 익힌 어휘를
다시 한번 학습해요.

종합 문제

종합 문제
종합 문제를 풀며
어휘를 조합해 문장으로
넓히는 힘을 길러요.

문해력 문제

문해력 문제
여러 어휘로 이루어진 문장의 의미를
파악하고 글의 맥락을 읽어 내는
문해력을 키워요.

容
받아들일 용

용서를 받아 줘!

영미 씨 미안해요.
이제 그만 **용서**해 주세요.
제가 잘못했어요.

용서란 뭘까요? 참 쉬운 것 같으면서도 어렵죠? 잘못이나 허물에 대하여 꾸짖거나 벌하지 않고 받아들이는 것이 바로 용서(容恕)예요. 잘못한 것을 모른 척 눈감아 주는 것이 아니고 마음으로부터 받아들이고 이해해 주는 것이죠.

여기서 용(容)은 받아들인다는 뜻으로 쓰였어요. 너그러운 마음으로 참고 용서하는 것은 용인(容忍), 또 남의 잘못을 너그럽게 받아들이거나 용서하는 것은 관용(寬容)이라고 해요.

무언가를 받아들인다는 뜻을 지닌 말들이 여러 개 있어요.
아래 왼쪽 그림의 빈칸에 들어갈 단어는 무엇일까요? (   )

① 수용　　② 용서　　③ 허용　　④ 용용

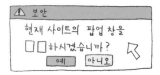

⚠ 보안
현재 사이트의 팝업 창을
□□하시겠습니까? ↖
[예] [아니요]

맞아요! 컴퓨터를 할 때 보면 팝업창이나 소프트웨어를 허용하겠냐는 말이 나와요. 허용(許容)은 허락하여 받아들인다는 뜻이지요.

容　**받아들일 용**

■ **용서**(容 恕용서할 서)
지은 죄나 잘못한 일에 대하여 꾸짖거나 벌하지 않고 덮어 줌

■ **용인**(容 忍참을 인)
너그러운 마음으로 참고 용서함

■ **관용**(寬너그러울 관 容)
남의 잘못을 너그럽게 받아들이거나 용서함

■ **허용**(許허락할 허 容)
허락하여 너그럽게 받아들임

🔔 **관용**(慣用)
혹시 '관용적 표현'이란 말 들어 본 적 있나요? 오랫동안 써서 습관처럼 굳어진 걸 관용(慣버릇 관 用쓸 용)이라고 해요.

포용(包감쌀 포 容)
남을 너그럽게 감싸 주거나 받아들임

포용력(包容 力힘 력)
포용하는 힘

용의자
(容 疑의심할 의 者사람 자)
의심을 받는 사람

위에서 말한 '포용'은 무슨 뜻일까요? (   )

① 포장하고 용해하다   ② 포함하여 용서하다
③ 너그러이 감싸서 받아들이다   ④ 포용을 허락하다

정답은 ③번. 남을 너그럽게 감싸 주거나 받아들이는 것을 포용(包容)이라 하고, 그러한 능력을 포용력이라고 해요.

한 나라의 대통령부터 반장에 이르기까지 무리를 이끄는 리더들에게는 포용력이 있어야 한다고 말하지요. 왜 그럴까요?

다양한 사람들과 의견을 잘 아울러 한 방향으로 나아가기 위해서예요. 그러니 포용을 위해선 편견을 버리고 차이를 존중하는 것이 중요해요.

땀을 흘린다고 꼭 범인일까요? 그건 아니죠. 용의자(容疑者)는 아직 누가 잘못한 일인지 확실하게 밝혀지지 않은 상황에서 그 일을 했다고 의심을 받는 사람을 말해요. 그러니까 용의자라고 해서 모두 범인은 아니란 말이에요.

🔔**용이**
어렵지 않고 매우 쉬운 것을 용이(容 易쉬울 이)하다고 해요. 받아들일 만큼 쉽다는 말이지요.
예) 접근이 용이하지 않다.

容 담을 용

- **내용물**(內안 내 容 物물건 물)
안에 담긴 물건
- **내용**(內容)
안에 담긴 것
- **용기**(容 器그릇 기)
담는 그릇
- **용량**(容 量헤아릴 양)
담을 수 있는 분량
- **용적**(容 積부피 적)
담을 수 있는 크기나 부피
- **수용**(收받을 수 容)
받아서 담음
- **용납**(容 納받아들일 납)
담아서 받아들임

위 왼쪽과 오른쪽의 말은 서로 바꿔 쓸 수 있어요. 빈칸에는 어떤 말이 들어갈까요? 이것은 안에 담긴 것을 말해요. 너무 쉽다고요? 맞아요. 내용물이에요. 꼭 물건만이 아니라 안에 담긴 것은 모두 내용이라고 해요. 책이나 드라마에 담긴 이야기에도 내용, 그림에도 내용, 각종 행사에도 내용이 있어요. 들어 있는 것 그리고 전달하고 자 하는 것을 내용(內容)이라고 하지요.

받아들여야 안에 담길 수 있죠? 그래서 용(容)은 무엇을 '담다'라는 말로 쓰여요.

그 뜻을 생각하면서 빈칸을 채워 볼까요?

무엇을 담는 그릇은 ☐기, 담을 수 있는 분량은 ☐량,
물건을 담을 수 있는 크기나 부피는 ☐적.

수영장은 안전을 위해 수용 인원을 제한하죠? 이렇게 수용(受容)은 받아들여서 담는다는 뜻을 갖고 있어요. 또 어떤 결정을 받아들일 때도 '수용하다'를 쓸 수 있지요. 다른 측면에서 보면 용납(容納)일 수 있어요. 이 말은 이미 담겨 있는 어떤 물건이나 상황을 받아들인다는 의미와 함께, 남의 말이나 행동을 너그러운 마음으로 받아들일 때도 쓰여요.

단정한 **용모**가 첫인상을 좌우하는 법!

신입사원
← 면접장

얼굴의 표정은 곧 마음의 표정이라는 말이 있어요. 바로 우리의 마음을 담아 나타내는 것이 얼굴이기 때문이지요. 그래서 용(容)은 '얼굴'이란 뜻으로도 쓰여요.

容　얼굴 용

■ 용모(容 貌모양 모)
사람의 얼굴 모양
■ 용모파기
(容 貌 疤상처 파 記기록할 기)
어떠한 사람을 잡기 위해 용모와 상처 따위를 기록한 것
■ 용색(容 色얼굴빛 색)
용모와 안색
■ 용태(容 態모양 태)
용모와 몸맵시

'용모가 출중하다, 용모가 지적이다, 용모가 형편없다'라는 말을 하지요. 이때 '용모'는 무슨 뜻일까요? (　　)

① 얼굴의 모양　　　② 모로 만든 이불
③ 쓰임새　　　　　④ 차림새

정답은 ①번 얼굴의 모양이에요. 일반적으로 사람의 얼굴과 전체 모습을 용모(容貌)라고 해요. 우리가 흔히 몽타주라고 말하는, 범인을 잡기 위해 용모와 특징을 그리는 것은 용모파기(容貌疤記)라고 해요. 용모와 안색은 용색(容色), 그리고 얼굴과 몸맵시를 뜻하는 용태(容態)! 용태는 병의 상태나 모양을 나타낸다는 것도 기억해 두세요.

선생님 **용색**이 편치 않아 보인다…

그러게… 조용히 해야겠다.

🔔 미용실
미용실(美아름다울 미 容 室집 실)은 얼굴을 아름답게 꾸미는 집이에요.

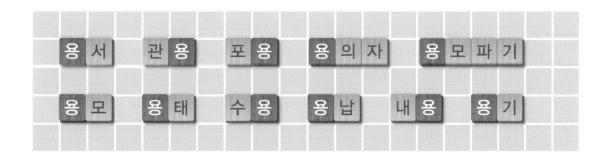

용서　관용　포용　용의자　용모파기

용모　용태　수용　용납　내용　용기

容 받아들일 용

용서
용인
관용(寬容)
허용
관용(慣用)
포용
포용력
용의자
용이
내용물

① 공통으로 들어갈 한자를 따라 쓰세요.

```
        서                           내
         │                           │
    포  력 │ 容 │ 의 자
         │        받아들일 용          │
        허                           모
```

② 어떤 낱말에 대한 설명인지 쓰세요.

1) 허락하여 너그럽게 받아들임 ➜ ☐☐

2) 남을 너그럽게 감싸 주거나 받아들임 ➜ ☐☐

3) 범인일까 의심을 받는 사람 ➜ ☐☐☐

4) 안에 담긴 것 ➜ ☐☐

③ 알맞은 낱말을 찾아 문장을 완성하세요.

1) 이 그릇의 ☐☐은 2리터야.

2) 남은 음식은 ☐☐에 담아서 냉장고에 넣어 둬.

3) 교육장의 ☐☐ 가능한 인원은 50명이야.

4) 리더가 되려면 ☐☐력이 있어야 해.

4 문장에 어울리는 낱말을 골라 ○표 하세요.

1) 내가 잘못했으니 한 번만 (용서 / 용이)해 줄래?

2) 네가 마음대로 행동하는 것은 (용납 / 용량)할 수가 없어!

3) 내가 잘못했어. (관용 / 화용)을 베풀어 주길 바랄게.

4) 동생은 아직 어리니까 그 정도는 (내용 / 포용)해 주렴.

5 설명을 읽고, 알맞은 낱말을 연결하세요.

1) 어렵지 않고 매우 쉬움 • • 허용

2) 허락하여 받아들임 • • 용이

3) 사람의 얼굴 모양 • • 관용

4) 남의 잘못을 너그럽게 받아들이거나 용서함 • • 용모

6 두 그림을 보고, □ 안에 공통으로 들어갈 낱말을 쓰세요.

| 내용 |
| 용기 |
| 용량 |
| 용적 |
| 수용 |
| 용납 |
| 용모 |
| 용모파기 |
| 용색 |
| 용태 |
| 미용실 |

흙으로 만든 그릇은 토기

器 그릇 기

도자□

목□

옹□

나전 칠□

위 그림의 빈칸에 공통으로 들어갈 낱말은 무엇일까요?

맞아요, 기(器)예요. 기(器)는 음식을 담는 '그릇'을 뜻해요.

고기 정말 맛았다.

'그릇 기(器)' 자는 어떻게 탄생하게 되었을까요? 옛날에 중국 사람들은 개고기를 많이 먹었대요. 아주 귀한 음식이었지요. 器는 개 견(犬)을 가운데 두고 사람들의 입[口]이 둘러앉아 있는 모양을 본떠 만든 글자예요. 귀한 고기를 그릇에 담아 사이좋게 나누어 먹는다는 뜻이 담긴 글자라는 것을 알 수 있지요?

그럼 '그릇 기(器)' 자가 들어간 말들을 더 알아봐요.

나무로 만든 그릇은 목□(木器), 흙으로 만든 그릇은 토□(土器), 흙으로 빚어서 불에 구운 그릇은 도자□(陶瓷器)와 옹□(甕器)예요. 옹기는 황토를 사용해서 어두운색이고, 도자기는 고령토를 사용해서 밝은색을 지녀요. 그릇 겉에 옻나무 진을 칠해서 만든 그릇은 칠□(漆器)예요.

器 그릇 기

■ **목기**(木나무 목 器)
나무로 만든 그릇

■ **토기**(土흙 토 器)
흙으로 빚어 구운 그릇

■ **도자기**
(陶질그릇 도 瓷사기그릇 자 器)
흙으로 빚어서 불에 구운 그릇 / 유약을 바르지 않은 도기(질그릇)와 유약을 발라 겉이 반질반질한 사기(사기그릇)를 합쳐 부르는 말

■ **옹기**(甕항아리 옹 器)
황토로 빚어 불에 구운 그릇

■ **칠기**(漆옻 칠 器)
겉에 옻나무 진을 칠해 만든 그릇

음식을 담는 데 쓰는 그릇은 식기(食器)예요. 밥그릇, 국그릇, 접시, 물컵이 모두 식기이지요.

물건을 담는 여러 가지 그릇은 용기(容器)라고 불러요. 그럼 변기(便器)는 무엇을 담는 그릇일까요?

( )

① 법 ② 돈 ③ 물 ④ 똥

> 누가 물을 안내리고 갔어.

정답은 옆에 있는 그림을 보면 알 수 있겠죠?

> 주몽! 네가 나를 왕따시켰겠다.

> 형님, 그만 참으시지요!

영포 왕자

주몽

영포 왕자가 놀칼을 들고 주몽에게 덤비고 있군요. 하지만 철검을 든 주몽을 이길 수 있을까요?
철이 돌보다 훨씬 강하잖아요. 돌로 만든 도구는 석기(石器), 청동으로 만든 도구는 청동기(靑銅器), 철로 만든 도구는 철기(鐵器)라고 해요. 이렇게 기(器)에는 '도구'라는 뜻도 있어요.

아주 옛날에는 철을 사용할 줄 몰랐어요. 그래서 사람들은 돌로 만든 도구들을 사용했지요. 처음에는 돌을 다듬을 줄 몰라서 돌을 깨뜨려 썼어요. 이때를 구석기(舊石器) 시대라고 불러요.

시간이 지나자 돌을 다루는 기술이 발달하여 돌을 날카롭게 갈아서 쓰게 되었어요. 신석기(新石器) 시대의 일이지요. 그 뒤에 청동기 시대, 철기 시대를 거치면서 도구를 만드는 기술은 더욱 발전하였지요.

■ **식기**(食음식 식 器)
음식을 담는 그릇

■ **용기**(容담을 용 器)
물건을 담는 여러 가지 그릇

■ **변기**(便똥오줌 변 器)
똥과 오줌을 담아 두는 용기

器 도구 기

■ **석기**(石돌 석 器)
돌로 만든 도구

■ **청동기**
(靑푸를 청 銅구리 동 器)
청동으로 만든 도구

■ **철기**(鐵쇠 철 器)
철로 만든 도구

■ **구석기**(舊옛 구 石器)
돌을 깨뜨려 만든 도구 = 뗀석기

■ **신석기**(新새 신 石器)
돌을 갈아서 만든 도구 = 간석기

'기'로 끝나는 말이 정말 많지요? 그만큼 우리 생활을 도와주는 도구가 많다는 말이겠지요. 어떤 말 뒤에 기(器)를 붙이면 그것과 관계 있는 '도구'나 '장치'를 가리켜요.

각도를 재는 도구는 각도기(角度器), 주사를 놓는 도구는 주사기(注射器), 불을 끄는 도구는 소화기(消火器), 젖먹이 아기가 걷는 것을 도와주는 도구는 보행기(步行器)가 되는 거죠.

또 안마하는 도구는 안마기(按摩器), 공기에 습기를 더하는 도구는 가습기(加濕器), 전기를 채워 주는 도구는 충전기(充電器), 할아버지들이 소리를 잘 들을 수 있게 하는 도구는 보청기(補聽器), 계산하는 데 쓰는 도구는 계산기(計算器), 싸울 때 쓰는 도구는 무기(武器)이지요.

다음과 같은 것들을 무엇이라고 부를까요? (   )

지게 낫 삽 괭이 삼태기 가래

① 농기구   ② 전열 기구   ③ 실험 기구   ④ 조리 기구

정답은 ①번 농기구죠. 기구(器具)는 도구나 기계를 말해요. 농사지을 때는 농기구, 실험할 때는 실험 기구를 쓰지요.

각도기

(角뿔 각 度정도 도 器)
각도를 재는 도구

주사기

(注물 댈 주 射쏠 사 器)
주사를 놓는 도구

소화기(消끌 소 火불 화 器)
불을 끄는 도구

보행기

(步걸음 보 行갈 행 器)
걷는 것을 돕는 도구

안마기

(按누를 안 摩어루만질 마 器)
몸을 누르고 비비는 도구

가습기

(加더할 가 濕축축할 습 器)
습기를 더해 주는 도구

충전기

(充채울 충 電전기 전 器)
전기를 채우는 도구

보청기

(補도울 보 聽들을 청 器)
잘 들을 수 있게 도와주는 도구

계산기

(計셈할 계 算셀 산 器)
계산하는 데 쓰는 도구

무기(武병장기 무 器)
싸울 때 쓰는 도구

기구(器 具연장 구)
도구나 기계

농기구(農농사 농 器具)
농사지을 때 쓰는 기구

실험 기구

(實실제 실 驗시험할 험 器具)
실험할 때 쓰는 기구

왼쪽 그림의 빈칸에 들어갈
말은 무엇일까요? (   )

① 변기 ② 장기 ③ 사기

정답은 ②번 장기이지요. 장기(臟
器)는 심장, 신장, 간, 폐처럼 우
리 몸 안에서 열심히 일하고 있는 여러 기관이에요.
위나 큰창자, 작은창자처럼 음식물의 소화를 담당하는 소화기(消
化器), 폐나 기관지처럼 숨 쉬는 것을 담당하는 호흡기(呼吸器),
피가 영양분과 산소·노폐물을 옮길 수 있도록 돕는 순환기(循環器)
가 있지요.
'장기'와 마찬가지로, 기관(器官) 역시 생명체의 몸을 구성하는 부
분이에요. 모든 생물의 몸은 기관으로 되어 있어요. 심장이나 위처
럼 몸의 안쪽에 있는 기관은 내장 기관(內臟 器官), 눈이나 피부처
럼 바깥의 상황을 느끼는 기관은 감각 기관(感覺器官)이라고 해요.

대기만성(大器晚成)은 '큰 그릇은 늦
게 만들어진다'예요. 그런데 그 뜻
이 넓어져서 '훌륭한 사람이 되기 위
해서는 많은 노력과 시간이 필요하
다'라는 뜻으로도 쓰이지요. 이때 기
(器)는 '사람'을 뜻해요.

器 **장기 기**

■ **장기**(臟창자 장 器)
몸 안의 여러 기관

■ **소화기**
(消녹일 소 化될 화 器)
소화를 담당하는 장기

■ **호흡기**
(呼내쉴 호 吸들이쉴 흡 器)
호흡을 담당하는 장기

■ **순환기**
(循돌 순 環고리 환 器)
피를 순환시켜 영양분과 산소,
노폐물을 옮기는 장기

■ **기관**(器 官기관 관)
어떤 일을 맡아하는 몸의 한 부분

■ **내장 기관**(內안 내 臟器官)
몸의 안쪽에 있는 기관

■ **감각 기관**
(感느낄 감 覺깨달을 각 器官)
감각을 담당하는 기관

器 **사람 기**

■ **대기만성**(大클 대 器 晚늦을
만 成이룰 성)
큰 그릇(사람)은 늦게 만들어짐

목기	토기	도자기	옹기	칠기	식기
변기	구석기	청동기	각도기	소화기

목기

토기

도자기

옹기

칠기

식기

용기

변기

석기

청동기

철기

구석기

뗀석기

신석기

간석기

각도기

주사기

소화기

1 공통으로 들어갈 한자를 따라 쓰세요.

목
내 장 관 器 변
철
신 석
각 도

그릇 기

2 어떤 낱말에 대한 설명인지 쓰세요.

1) 나무로 만든 그릇 → ☐☐

2) 음식을 담는 그릇 → ☐☐

3) 똥과 오줌을 누는 용기 → ☐☐

4) 철로 만든 도구 → ☐☐

3 알맞은 낱말을 찾아 문장을 완성하세요.

1) 우리 아버지는 황토로 빚어 그릇을 굽는 ☐☐ 장이야.

2) 이 삼각형의 각을 ☐☐☐ 로 재어 보세요.

3) 너무 건조한 것 같아. ☐☐☐ 를 켜야겠어.

4) 나는 ☐☐☐ 가 좋지 않아서 음식을 먹으면 자주 체해.

4 문장에 어울리는 낱말을 골라 ○표 하세요.

1) 물은 어떤 (용기 / 용량)에 담느냐에 따라 모양이 변해.

2) 돌을 깨뜨려 만든 도구는 (구석기 / 청동기) 시대에 사용했어.

3) 청동으로 만든 도구를 사용한 것은 (철기 / 청동기) 시대야.

4) 스마트폰의 배터리가 거의 없어. 빨리 (보청기 / 충전기)에 연결해.

5 설명을 읽고, 알맞은 낱말을 연결하세요.

1) 흙으로 빚어서 불에 구운 그릇 •   • 호흡기

2) 몸에 물약을 넣는 도구 •   • 도자기

3) 잘 들을 수 있게 도와주는 도구 •   • 주사기

4) 호흡을 담당하는 장기 •   • 보청기

6 그림을 보고, 알맞은 도구의 이름과 연결하세요.

1)

2)

간석기   뗀석기

보행기

안마기

가습기

충전기

보청기

계산기

무기

기구

농기구

실험 기구

장기

소화기

호흡기

순환기

기관

내장 기관

감각 기관

대기만성

항상 푸른 나무 상록수!

常
항상 상

위험할 땐 **항상** 슈파맨이 도와주지.

근데 **항상** 저 옷이야.

빨래도 안 하나 봐.

항상(恒常)은 '늘', '언제나 변함없이'라는 말이에요. 어떤 일이 지속될 때 쓸 수 있는 말이죠. 생각해 보세요. 슈파맨은 평소에도 쫄바지와 빨간 망토를 두르고 다닐까요? 아니죠. 하지만 사람들이 위기에 처했을 땐 '항상' 쫄바지와 빨간 망토로 갈아입고 출동해요. 학교를 가고 밥을 먹는 것처럼 매일 반복되는 생활은 일상(日常)이라고 해요.

상시(常時)는 '정해진 때가 없이 언제나'라는 말이지요. 경찰관과 소방대원들은 언제 일어날지 모르는 사고에 대비해 '상시' 대기를 하죠.

常	항상 상

- **항상**(恒항상 항 常)
  늘, 언제나
- **일상**(日날 일 常)
  매일 반복되는 생활
- **상시**(常 時때 시)
  정해진 때가 없이 언제나
- **비상**(非아닐 비 常)
  상시와 다른, 뜻밖의 긴급한 상황
- **비상시**(非常 時때 시)
  비상인 때
- **비상 대책**
  (非常 對대할 대 策꾀 책)
  비상시에 대비하기 위한 방책

비상! 비상!
슈파맨 출동!

'상시'와 달리, 뜻밖의 긴급한 상황을 비상(非常), 비상인 때는 □□시(非常時)라고 해요.

비상시에 대비한 계획인 □□ 대책을 세워 두는 것도 중요하지만, 항상 조심하는 것이 우선이겠죠!

🔔 **비상구**
비상시에 쓰는 출입구는 비상구(非常 口입구 구)이지요.

빈칸에 들어갈 말은 뭘까요? (　　　)

① 십상　　　② 쉽황　　　③ 밉상　　　④ 상황

정답은 ①번 십상이에요. '쉽다'와 관계있다고 생각해서 '쉽상'이라고 쓰기 쉬운데, 틀린 표현이에요. 열에 여덟아홉 정도로 거의 예외 없이 그럴 것이라는 뜻의 십상팔구(十常八九)를 줄여서 십상(十常)이라고 하지요.

그럼 다음 빈칸을 채워 볼까요? '대나무는 사철 내내 잎이 푸른 상록수라 조화로 오해하기 십□이다.'

요즘 유엔, 곧 국제 연합에 대한 관심이 부쩍 많아졌죠? 국제 연합은 평화 유지와 국제 협력을 위해 늘 설치해 둔 상설(常設) 국제기구예요. 국가 간의 분쟁 등에 대한 결정권을 가지고 있는 유엔 안전보장이사회(안보리)는 상임 이사국과 비상임 이사국으로 나뉘어요. 상임(常任)은 일정한 일을 늘 계속하여 맡는다는 말이에요. 미국, 러시아, 중국, 영국, 프랑스 다섯 나라가 맡은 상임 이사국은 임기가 따로 정해져 있지 않고 영구적이죠. 상임이 아닌 비상임 이사국은 2년마다 선출을 통해 구성해요.

■ **십상팔구**(十열 십 常 八여덟 팔 九아홉 구) = **십상**(十常)
열에 여덟이나 아홉 정도로 거의 예외가 없음

🔔 **십중팔구**
십중팔구(十 中가운데 중 八九)라는 말도 '십상팔구'와 비슷한 말이에요.

■ **상록수**
(常 綠푸를 록 樹나무 수)
소나무나 대나무처럼 사철 내 잎이 푸른 나무

■ **상설**(常 設세울 설)
항상 세워져 있어서 언제든지 이용할 수 있음

■ **상임**(常 任맡길 임)
일정한 일을 늘 계속하여 맡음

■ **비상임**(非아닐 비 常任)
상임이 아님

🔔 **상근과 비상근**
매일 일정한 시간늘 늘 근무하는 것은 상근(常 勤근무 근), 상근하지 않고 일하는 것은 비상근(非常勤)이라고 해요.

常 보통 상

■ **평상시**
(平보통 평 常時때 시)
특별한 일이 없는 보통 때

■ **상례**(常 例본보기 례)
보통 있는 일

■ **상식**(常 識알 식)
사람들이 널리 알고 있는 보통의
지식

■ **비상식적**
(非아닐 비 常識 的~하는 적)
상식에 크게 어긋나는 것

■ **범상**(凡평범할 범 常)
평범하고 예사로움

■ **심상**(尋보통 심 常)
대수롭지 않고 예사로움

■ **이상**(異다를 이 常)
보통과 다름

■ **수상**(殊다를 수 常)
보통과 달라 의심스러움

특별한 일이 없는 보통 때를 평상시(平常時)라고 해요. 이럴 때 상(常)은 '보통'이라는 뜻이지요.

보통 있는 일이나 일반적인 일은 □례(常例),

그 시대 사람들이 널리 알고 있는 보통의 지식을 □식(常識)이라고 해요. 상식은 특별한 지식보다는 누구나 갖추고 있을 법한 판단력과 사리 분별을 뜻해요.

반대로 상식에 크게 어긋나면 비상식적이라고 하지요.

다음 밑줄 친 말의 쓰임이 어색한 문장은 뭘까요? (   )

① 병세가 <u>심상치</u> 않다.
② 10월인데도 <u>비정상적</u>으로 덥다.
③ 성적도 뛰어나고 글도 잘 쓰는 것이 아주 <u>범상하다</u>.

정답은 ③번이에요. 범상(凡常)이나 심상(尋常)은 평범하고 예사롭다는 말인데, '범상치 않다, 심상치 않다'와 같이 주로 부정어와 함께 쓰여요. '보통과 다르다'라는 뜻으로 이상, 또는 수상을 쓸 수도 있어요.

변화무상(變변할 변 化될 화 無없을 무 常)
변화가 많아 정해진 바가 없음

🔔 변화무쌍
'변화무상'과 비슷한 말이 변화무쌍(變化無 雙둘 쌍)이에요. 둘도 없을 정도로 심하게 변화한다는 뜻이죠.

인생무상
(人사람 인 生살 생 無常)
인생에서 변치 않는 것은 없음

제행무상
(諸모두 제 行다닐 행 無常)
우주의 모든 사물이 늘 변하여 한 모양으로 머물러 있지 않음

인지상정(人사람 인 之~의 시 常 情마음 정)
사람이면 누구나 가지는 변치 않는 마음

후훗! 정말 못 말려. 변화무상(變化無常)은 변화가 많아 정해진 바가 없다는 말이에요. 여기서 상(常)은 '정해진 바', '변하지 않는 것'을 뜻해요.

그러면 인생무상(人生無常)이란 무엇일까요?

인생에서 변치 않는 것은 없으니 아무것도 욕심낼 필요가 없다는 뜻이에요. 인생에서 부나 권력 같은 것들이 덧없다는 말이지요.

'제행무상'이란 말도 있어요. 제행무상(諸行無常)은 모든 사물은 딱히 정해진 바가 없기 때문에 늘 변하여 한 모양으로 머물러 있지 않는다는 말이에요.

요즘, 이이들이 실종되는 사긴이 왕왕 일어나요. 아이를 잃은 부모의 마음을 얼마나 애틋할까요?

이렇게 사람이라면 누구나 가지는 변치 않는 마음을 인지상정(人之常情)이라고 해요. 인지상정은 부모 자식 간의 관계를 일컫는 말로 종종 사용해요. 잃은 자식을 찾는 부모의 애타는 마음, 자식의 허물을 감싸 주고 싶은 부모의 마음이 바로 인지상정이라고 할 수 있겠죠.

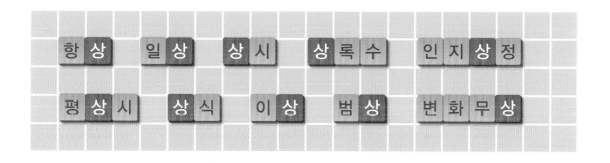

常
항상 상

항상

일상

상시

비상

비상시

비상 대책

비상구

십상팔구

십상

십중팔구

상록수

상설

상임

비상임

1 공통으로 들어갈 한자를 따라 쓰세요.

| 비 | 대 | 책 |

| 비 | 임 |

항 — 常 — 수

항상 상

| 록 | 수 |

| 변 | 화 | 무 |

2 어떤 낱말에 대한 설명인지 쓰세요.

1) 늘, 언제나 ➡ ☐☐

2) 상시와 다른, 긴급한 상황 ➡ ☐☐

3) 사시사철 푸른 나무 ➡ ☐☐☐

4) 보통과 달리 의심스러움 ➡ ☐☐

3 알맞은 낱말을 찾아 문장을 완성하세요.

1) 이 작품은 예술의 전당 ☐☐ 전시관에서 언제나 보실 수 있어요.

2) 너 그렇게 놀다가는 시험 망치기 ☐☐이야.

3) 화재가 나면 ☐☐☐로 대피해야 해.

4) 쓰레기를 함부로 버리지 말아야 하는 것은 누구나 아는 ☐☐이야.

4 문장에 어울리는 낱말을 골라 ○표 하세요.

1) 지금 세계 경제가 (심상 / 예상)치 않아.

2) 그는 대회에서 상을 받는 등 아주 (비상 / 범상)치 않은 실력을 가졌어.

3) 나는 일요일에도 (평상 / 일상)시와 같이 일찍 일어나.

4) 아버지는 이 회사의 (상임 / 비상임) 이사라 일 있을 때만 출근해.

5 그림과 어울리는 낱말을 [보기]에서 골라 괄호 안에 쓰세요.

보기	상록수	비상구

1)
(   )

2)
(   )

6 사자성어의 알맞은 뜻과 사용 예를 바르게 연결하세요.

1) 변화무상 •

2) 인생무상 •

3) 인시상성 •

(가) 사람이라면 누구나 가지고 있는 변치 않는 마음

(나) 변화가 많아 정해진 바가 없음

(다) 인생에서 변지 않는 것은 없음

㉠ 세월의 흐름에서 □□□□을 느껴.

㉡ □□□□한 겨울 바다의 신비

㉢ 불쌍히 사람을 가여워하는 것은 □□□□이야.

상근

비상근

평상시

상례

상식

비상식적

범상

심상

이상

수상

변화무상

변화무쌍

인생무상

제행무상

인지상정

마주 보면 상대가 보여요

相
서로 상

다음
□□ 나와!

위 그림의 빈칸에 들어갈 말은 무엇일까요?

'상대'예요. 상대(相對)란 '서로 마주 대하다'라는 말이지요.

운동회 때 청군과 백군으로 나뉘어 경기를 하지요? 이처럼 서로에게 상대가 되는 편을 상대편이라고 해요. 비슷한 말로 상대방이 있어요.

로미오와 줄리엣, 이 도령과 성춘향, 토끼와 거북이처럼 서로 상대가 되는 역할을 상대역이라고 해요.

그럼 말하는 상대는 뭐라고 할까요? (   )

① 앞 상대   ② 뒤 상대   ③ 말 상대   ④ 소 상대

정답은 ③번이지요. 말 상대는 말을 주고받을 수 있는 사람을 뜻해요.

상(相)은 원래 '나무꾼이 좋은 나무(木)를 고르기 위해 살펴본다(目).'라는 뜻에서 나온 말이래요. 한자를 보면 마치 나무꾼의 눈과 나무가 서로 마주 보는 것 같지요? 그래서 '서로 상'이라는 글자가 된 거예요.

相   서로 상

▪ **상대**(相 對마주할 대)
서로 마주함

▪ **상대편**(相對 便편 편)
상대가 되는 편

▪ **상대방**(相對 方방향 방)
상대편

▪ **상대역**(相對 役역할 역)
상대가 되는 역할

▪ **말 상대**(相對)
말을 주고받을 수 있는 사람

🔔 상대어(相對 語말 어)는 서로 뜻이 반대되는 낱말을 뜻해요. '물'의 상대어는 '불'이지요.

말 상대가 없어서
너무 외로워!

서로 예의를 갖춰 얼굴을 마주 보며 인사하는 것을 상견례(相見禮)라고 해요. '상견'은 '서로 본다'라는 말이지요.

'서로 만나다'란 뜻의 낱말이 하나 더 있어요. '상봉'이에요. 상봉은 헤어졌다 다시 만나는 거예요. 남과 북으로 갈라졌던 이산가족이 만나는 게 '상봉'의 대표적인 예이지요.

서로 따르며 친하게 지내는 것은 상종이라고 해요. 앞으로 만나고 싶지 않은 사람에게는 '상종 못 할 사람'이라고 하지요.

큰일이에요. 식욕이 뚝 떨어져 하루 다섯 끼밖에 못 먹어요.

몸이든 마음이든 어딘가 좋지 않을 땐 누군가와 의논하잖아요. 이것을 상의(相議)라고 해요. 상의와 비슷한 말은 상담이에요.
그럼 다음 빈칸을 채워 볼까요?

상담하는 곳은 □□실,

상담하는 사람은 □□자,

전화로 상담하는 것은 전화 □□이에요.

난 재벌가의 **상속**녀야.

좋은데 쓰랬더니…

Hilton

상속(相續)은 서로 이어 주거나 이어받는 거예요. 누군가 죽은 뒤 남은 사람이 그 재산을 물려받는 게 바로 상속이지요.

상속을 받는 사람은 상속인, 상속을 받을 권리는 상속권이라고 해요.

■ **상견례**(相볼 견 見볼 견 禮예의 례)
예의를 갖춰 서로 마주 보고 인사하는 것

■ **상봉**(相 逢만날 봉)
헤어졌다가 다시 서로 만남

■ **상종**(相 從따를 종)
서로 따르며 친하게 지냄

■ **상의**(相 議의논할 의)
서로 의논함

■ **상담**(相 談이야기할 담)
누군가와 고민을 의논함

■ **상담실**(相談 室방 실)
상담하는 방

■ **상담자**(相談 者사람 자)
상담하는 사람

■ **전화 상담**
(電전기 전 話말씀 화 相談)
전화로 상담하는 것

■ **상속**(相 續이을 속)
재산을 물려받음

■ **상속인**(相續 人사람 인)
상속받는 사람

■ **상속권**(相續 權권리 권)
상속받을 권리

🔔 유유상종(類무리 유 類무리 유 相從)은 같은 무리끼리 서로 따르고 모인다는 말이에요. 비슷한 사람들끼리 어울릴 때 많이 쓰는 말이지요.

🔔 상부상조(相 扶도울 부 相 助도울 조)는 서로서로 돕는다는 말이에요.

두 기차를 서로 잇는 것이 상호 연결이에요. 이때 상호(相互)는 '서로서로'라는 말이지요.

서로서로 힘써 돕는 것은 ☐☐ 협력,

서로서로 믿고 의지하는 것은 ☐☐ 신뢰,

서로서로 맺은 관계는 ☐☐ 관계라고 해요.

상호 관계를 두 글자로 줄이면, 우리가 아주 많이 쓰는 '상관'이 돼요.

상관(相關)은 서로 관계가 있다는 말이에요.

하지만 '상관하지 마'라고 할 때는 간섭하지 말라는 뜻이 되지요.

부모님은 언제 우리를 간섭하시지요?

부모님의 생각이 우리와 다를 때 그렇지요. 이렇게 생각이나 모양이 서로 다른 것을 상이(相異)하다고 해요.

그럼 다음 빈칸을 채워 봐요.

서로 반대되는 것은 ☐반,

의견 같은 게 서로 맞지 않고 어긋나는 것은 ☐충,

그래서 서로 다투고 싸우는 것은 ☐쟁이라고 해요.

■ **상호 연결**(相 互서로 호 連이을 연 結맺을 결)
서로서로 이음

■ **상호**(相互)
서로서로

■ **상호 협력**
(相互 協도울 협 力힘 력)
서로서로 힘써 도움

■ **상호 신뢰**
(相互 信믿을 신 賴의지할 뢰)
서로서로 믿고 의지함

■ **상호 관계**
(相互 關관계 관 係이을 계)
서로서로 맺은 관계

■ **상관**(相 關관계 관)
서로 관계가 있음 / 간섭함

■ **상이**(相 異다를 이)
서로 다름

■ **상반**(相 反반대될 반)
서로 반대됨

■ **상충**(相 衝부딪칠 충)
서로 맞지 않고 어긋남

■ **상쟁**(相 爭다툴 쟁)
서로 다툼

🔔 **동족상잔**
'상잔'은 '상쟁'과 비슷한 말이에요. 1950년의 6·25 전쟁은 같은 민족인 남한과 북한이 서로를 해치면서 싸웠기 때문에 '동족상잔(同같을 동 族민족 족 相 殘해칠 잔)'이라고 해요.

왜 울어?

웃는 거야~

相 모습 상

- **울상(相)**
  울 것 같은 얼굴 모습
- **인상(人**사람 인 **相)**
  사람의 얼굴 생김새
- **인상착의**
  (人 相 着입을 착 衣옷 의)
  사람의 생김새와 옷차림
- **시대상**
  (時때 시 代시대 대 相)
  어떤 시대의 모습
- **생활상(生**살 생 **活**살 활 **相)**
  사람들이 생활해 나가는 모습
- **진상(眞**참 진 **相)**
  참모습
- **오만상**
  (五다섯 오 萬일만 만 相)
  잔뜩 찌푸린 얼굴

하회탈은 언뜻 보면 우는 것 같지요? 하지만 사실은 환하게 웃는 모습이래요. 울 것 같은 모습을 울상이라고 해요.

이때 상(相)은 '모습'을 뜻해요. 그럼 빈칸을 채워 볼까요?

사람의 얼굴 모습은 인□, 사람의 생김새와 옷차림은 인상착의, 어떤 시대의 모습은 시대□, 사람들이 생활해 나가는 모습은 생활□, 사건이나 사물의 참모습은 진□이라고 하지요.

오른쪽의 엄마 표정을 봐요. 이렇게 잔뜩 찌푸린 얼굴이 오만상(五萬相)이에요. 오만가지 표정이 될 정도로 심하게 인상을 쓴다는 거지요.

이 사건의 **진상**을 밝히고 말겠어!

🔔 **이런 말도 있어요**

상(相)에는 '정승'이라는 뜻도 있어요. 옛날에 임금을 도와서 정치를 했던 높은 벼슬아치를 재상(宰相)이라고 해요. 또, 영국이나 일본에서는 가장 높은 지위에 있는 사람을 수상(首相)이라고 하지요.

- **재상(宰**재상 재 **相**정승 상) 옛날의 높은 벼슬아치
- **수상(首**우두머리 수 **相)** 영국, 일본 등의 나라에서 정부의 우두머리를 이르는 말

상 대	상 견 례	상 속	상 의	인 상 착 의
상 호	상 쟁	상 충	상 반	상 담	상 봉

상대

상대편

상대방

상대역

말 상대

상대어

상견례

상봉

상종

상의

상담

상담실

상담자

전화 상담

상속

상속인

상속권

유유상종

상부상조

1 공통으로 들어갈 한자를 따라 쓰세요.

대

속   相   진   반

호 협 력   서로 상   인 착 의

2 어떤 낱말에 대한 설명인지 쓰세요.

1) 말을 주고받을 수 있는 대상 ➡ 말 ☐☐

2) 예의를 갖춰 서로 마주 보고 인사하는 것 ➡ ☐☐ 례

3) 누군가와 고민을 의논하는 것 ➡ ☐☐

4) 사람의 얼굴 생김새 ➡ ☐☐

3 알맞은 낱말을 찾아 문장을 완성하세요.

1) 너와 나는 생각이 ☐☐ 돼서 의견이 좁혀지지 않아.

2) 박물관에 가면 조상들의 생활하던 ☐☐☐ 을 엿볼 수 있어.

3) 할아버지가 북한에 계신 작은할아버지와 10년 만에 ☐☐ 하셨어.

4) 앞으로는 우리가 ☐☐ 협력해서 일을 해야 해.

4 문장에 어울리는 낱말을 골라 ○표 하세요.

1) 이번 연극에서 나와 함께 연기할 (상대 / 반대) 배우가 너야.

2) 저 사람은 할아버지로부터 (상속 / 상품)을 많이 받아 부자야.

3) 힘든 일이 있을 때는 언제든 나와 (상종 / 상담)해.

4) 고전을 보면 당시의 (오만상 / 시대상)을 엿볼 수 있어.

5 설명을 읽고, 알맞은 낱말을 연결하세요.

1) 서로 관계가 있음   •   • 상충

2) 서로 맞지 않고 어긋남   •   • 상관

3) 울 것 같은 얼굴 모습   •   • 오만상

4) 오만 가지 표정이 될 정도로 찌푸린 얼굴 •   • 울상

6 그림을 보고, 빈칸에 들어갈 알맞은 말을 연결하시오.

1)

2)

3)

상대편   상내어   상대역

상호 연결
상호
상호 협력
상호 신뢰
상호 관계
상관
상이
상반
상충
상쟁
동족상잔
울상
인상
인상착의
시대상
생활상
진상
오만상
재상
수상

올바른 사용법이 뭘까?

使
부릴 사

켁! 이게 뭐꼬?

비데가 처음 나왔을 때 비데의 사용 방법을 몰라 위와 같은 경험을 한 사람들이 적지 않았대요. 일정한 목적이나 기능에 맞게 부려 쓰는 것을 사용(使用)이라고 해요. 사용 방법은 사용법이라고 하죠. 여기서 사(使)는 '부리다', '사용하다'라는 말이에요.

저런, 아래 그림을 보세요. 휴대 전화 사용 예절을 모르는 사람이군요.

휴대 전화나 인터넷을 사용하는 데에도 올바른 예절과 문화가 있어요. 편한 것도 좋지만, 지킬 건 지켜야겠지요?

뭐라고? 안 들려!
콩나물값이 올랐다고?
어쩌고… 저쩌고…

> 인터넷이나 휴대 전화를 쓰고 나면 사용한 양에 따라 돈을 내야 해요. 이 돈을 뭐라고 할까요? (   )
>
> ① 사용량   ② 사용료

그래요. ②번 사용료이지요. 사용한 값으로 내는 돈을 사용료라고 해요. 사용량은 쓰는 양을 말해요.

使 | 부릴 사

● **사용**(使用 쓸 용)
목적과 기능에 맞게 부려 씀

● **사용법**(使用 法 방법 법)
사용 방법

● **사용료**(使用 料 요금 료)
사용한 값으로 내는 돈

● **사용량**(使用 量 양 량)
쓰는 양

🔔 **사용과 이용**

사용과 이용(利 이로울 이 用)은 무엇을 쓴다는 점에서는 같은 뜻이에요. 사용이 단순히 '쓰다'라는 뜻인 데 비해, 이용은 '이롭게 쓴다'라는 뜻이 더 강해요.

행사(行행할 행 使)
권리나 힘 따위를 사용함

권한 행사
(權권리 권 限한도 한 行使)
권리를 정해진 한도에 맞게 사용함

폭력 행사
(暴난폭할 폭 力힘 력 行使)
폭력을 사용함

사주(使 嗾부추길 주)
남을 부추겨 좋지 않은 일을 시킴

사도(使 徒무리 도)
부림을 받는 무리 / 거룩한 일을 위하여 헌신하는 사람 / 예수가 복음을 전파하기 위해 모은 열두 제자

위 그림에서 말하는 '행사'의 뜻은 무엇일까요? (　　　)

① 일을 거행함　　　　② 권리나 힘 따위를 사용함

정답은 ②번이에요. 권리나 권력, 힘 따위를 사용하는 일을 행사(行使)라고 해요. TV에서 경찰이 범죄 용의자에게 "묵비권을 행사할 수 있습니다."라고 말해 주지요. 이 말은 용의자가 자기에게 불리한 진술을 거부하고 침묵할 수 있는 권리를 사용해도 된다는 말이에요.

'행사'의 의미를 잘 생각하면서 빈칸을 채워 보세요.
권한을 사용하는 것은 권한 ☐☐ ,
폭력을 사용하는 것은 폭력 ☐☐ .

오른쪽 그림을 보세요.
나쁜 왕비가 '사주'하고 있는 장면이군요. 남을 부추겨 좋지 않은 일을 시키는 것을 사주(使嗾)라고 해요.
정의를 실현하려고 애쓰는 사람에게 '정의의 사도'라는 말을 쓰곤 하죠? 여기서 사도(使徒)란 거룩한 일을 위해 헌신하는 사람을 말해요. 삼총사나 쾌걸 조로를 정의의 사도라고 하지요.
또 다른 뜻도 있어요. 예수가 복음을 전파하기 위해 모은 제자들이라는 뜻으로도 '사도'가 쓰이지요.

🔔 **혹사**
혹독하게 일을 시키는 깃을 혹사(酷심할 혹 使)라고 해요.
예 그는 공장에서 혹사당하고도 월급을 받지 못했다.

使 심부름꾼 사

- **사자**(使者사람 자)
  심부름을 하는 사람
- **천사**(天하늘 천 使)
  하늘에서 보낸 심부름꾼
- **사신**(使臣신하 신)
  임금의 명령을 받고 외국에 심부름하러 가는 신하
- **사명**(使命명령 명)
  심부름꾼에게 맡겨진 임무
- **사명감**(使命感느낄 감)
  주어진 임무를 잘 수행하려는 마음가짐

🔔 **특사**(特특별할 특 使)
특별한 임무를 띠고 파견하는 사신은 특사라고 해요.

🔔 **밀사**(密몰래 밀 使)
몰래 비밀스럽게 보내는 사자가 밀사이지요.

🔔 **칙사**(勅칙명 칙 使)
칙명을 받은 사신, 즉 임금의 명령을 전달하는 사신을 말해요. 극진하고 융숭한 대접을 '칙사 대접'이라고 해요. 임금의 명령을 전달하는 사신이니, 대우를 잘 받을 수밖에 없겠지요?

사자(使者)는 명령이나 부탁을 받고 심부름을 하는 사람을 가리켜요. 사람이 죽으면 저승에서 염라대왕의 명령에 따라 죽은 사람의 넋을 데리러 온다는 심부름꾼이 바로 '저승사자'이지요. 이럴 때 사(使)는 '심부름꾼'이라는 말이죠.

백의의 천사? 흰 옷을 입은 천사라는 말이에요. 정성껏 병을 치료해 주는 간호사를 이렇게 부르지요. 천사(天使)는 원래 하늘나라에서 보낸 심부름꾼을 뜻해요. 천사는 하늘에서 땅으로 보내져 인간을 돕고 보살피는 역할을 한다고 여겨지는 존재이지요. 이 때문에 마음씨가 곱고 선량한 사람을 일컬어 '날개 없는 천사'라고 불러요.

다음 중 임금의 심부름꾼을 뜻하는 낱말은 무엇일까요? (   )

① 사신   ② 사명

정답은 ①번 사신(使臣)이에요. 임금이나 국가의 명령을 받고 외국에 심부름하러 가는 신하를 사신이라고 하지요.
사명(使命)은 심부름꾼이 받은 명령, 즉 심부름꾼에게 맡겨진 임무를 뜻해요. 그렇게 주어진 임무를 잘 수행하려는 마음가짐은 사명감이라고 해요. 같은 일을 하더라도 사명감을 갖고 일하면 더 좋겠지요?

에헴!
나는 **관찰사**.

사(使)는 '지방에 파견된 관리'의 명칭에도 들어가요. 관찰사(觀察使)는 조선 시대에 각 도마다 1명씩 파견되었던 지방 행정의 최고 책임자를 말하지요. 오늘날의 도지사와 비슷해요. 도내의 행정을 다스리는 것은 물론이고, 지금의 도지사와는 달리 군사에 관한 일까지 맡아보았어요.

절도사(節度使)는 고려 시대에 있었던 지방 장관이에요. 조선 시대에 와서는 무관 벼슬인 병마절도사와 수군절도사를 통틀어 이르는 말로 쓰였지요.

통제사(統制使)는 삼도 수군통제사의 준말로, 임진왜란 때 경상·전라·충청 세 도의 수군(오늘날의 해군)을 통솔하는 일을 맡아보던 총사령관을 말해요. 이순신 장군이 바로 통제사였지요.

우리도 이제 새로운 문물을 받아들여야겠다. 가서 열심히 배워 오너라.

한편, 사(使)에는 '사절'이라는 뜻도 있어요. 조선 후기에 젊은이들을 보내 근대 문물을 배워 오게 하였지요. 이때 일본에 보냈던 외교 사절단을 수신사(修信使), 중국에 보냈던 사절단을 영선사(領選使)라고 해요.

使 **관리 사**

■ **관찰사**
(觀볼 관 察살필 찰 使)
조선 시대 각 도에 파견되었던 지방 행정의 최고 책임자

■ **절도사**
(節마디 절 度법도 度 使)
고려 시대의 지방 장관

■ **통제사**
(統거느릴 통 制억제할 제 使)
임진왜란 때 삼도의 수군을 통솔하던 무관 벼슬

使 **사절 사**

■ **수신사**
(修다스릴 수 信맡길 신 使)
일본에 보냈던 외교 사절

■ **영선사**
(領거느릴 영 選뽑을 선 使)
중국에 보냈던 외교 사절

🔔**이런 말도 있어요**

조선 시대에 관찰사 밑에서 지방을 다스리던 관리를 목사(牧다스릴 목 使)라고 불렀어요. 오늘날에는 교회를 맡아 다스리는 성직자를 목사(牧 師스승 사)라고 하지요.

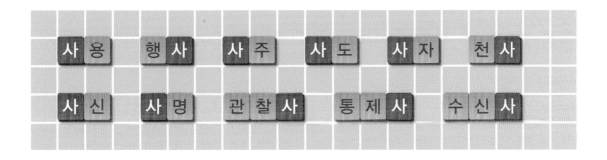

| 사 용 | 행 사 | 사 주 | 사 도 | 사 자 | 천 사 |
| 사 신 | 사 명 | 관 찰 사 | 통 제 사 | 수 신 사 |

使
부릴 사

사용

사용법

사용료

사용량

이용

행사

권한 행사

폭력 행사

사주

사도

혹사

사자

천사

사신

1 공통으로 들어갈 한자를 따라 쓰세요.

```
        용                            관  찰
                행      使      신
    권 한 행           부릴 사         절  도
```

2 어떤 낱말에 대한 설명인지 쓰세요.

1) 목적과 기능에 맞게 부려 씀 ➡ ☐☐

2) 특별한 임무를 띠고 파견된 사신 ➡ ☐☐

3) 임금의 명령으로 외국에 심부름하러 가는 신하 ➡ ☐☐

4) 사용한 값으로 내는 돈 ➡ ☐☐☐

3 알맞은 낱말을 찾아 문장을 완성하세요.

1) 나는 의사로서 ☐☐☐을 가지고 일할 거야.

2) 뜻대로 안 된다고 폭력을 ☐☐하면 어떻게 해?

3) 꿈에 저승 ☐☐가 나와서 나를 데려가려 했어.

4) 너는 마음이 너무 곱구나. 하늘에서 내려온 ☐☐같아.

34

④ 문장에 어울리는 낱말을 골라 ○표 하세요.

1) 그는 적군의 (사명 / 사주)(을)를 받아서 정보를 빼돌렸어.

2) 너, 그렇게 하루 종일 눈을 (행사 / 혹사)했다간 안경 쓰게 돼.

3) 왕이 비밀리에 (밀사 / 사신)을(를) 파견해서 긴급 상황을 전달했어.

4) 예수가 복음 전파를 위해 모은 열두 제자를 (사도 / 사신)(이)라고 불러.

⑤ 설명을 읽고, 알맞은 낱말을 연결하세요.

1) 지금의 도지사에 해당하는 조선 각 도의 관리 •   • 수신사

2) 고려 시대에 있었던 지방 장관 •   • 관찰사

3) 경상·전라·충청 세 도의 수군을 통솔하던 사령관 •   • 절도사

4) 조선 후기에 일본에 보내던 외교 사절단 •   • 통제사

⑥ 다음 그림과 설명을 참고해 빈칸에 들어갈 알맞은 말을 찾아 쓰세요.

조선 시대 때, 우리나라에서 일본으로 보내던 문화 사절단으로 조선 □□□라고 해요. 300~500명의 사람들로 구성된 사람들이 산성에서 출발하여 부사, 대마도를 거쳐 에도(지금의 도쿄)까지 행차하고 있는 그림이에요.

조선 ☐☐☐

| 사명 |
| 사명감 |
| 특사 |
| 밀사 |
| 칙사 |
| 관찰사 |
| 절도사 |
| 통제사 |
| 수신사 |
| 영선사 |
| 목사(牧使) |
| 목사(牧師) |

萬
일만 만

나의 꿈은 백만장자!

만 천 하나,
만 천 둘…

1000의 10배를 만(萬)이라고 해요. 만이 여덟 개면 팔만이지요.
팔만대장경은 부처님 말씀을 새겨 놓은 81,258개의 나무판을 말
해요. 그래서 팔만대장경이라고 하는 거예요.
그럼 만의 절반은 뭘까요?
5천이에요. 우리나라는 5천 년의 역사를 가지고 있어요. 이걸 다른
말로 반만년(半萬年)의 역사라고 해요.

"금강산 찾아가자 일만 이천 봉"으로 시작하는 노래 알지요?
팔만대장경처럼 정말 봉우리가 12,000개라는 뜻일까요?
아니지요. 여기서 만(萬)은 '매우 많다'를 뜻해요.
금강산의 '만물상'이란 봉우리, 혹시 아나요?
만물(萬物)이란 갖가지 수많은 물건이
에요.
금강산의 바위 모양은 정말 기묘해요.
온갖 물건의 가지가지 모양을 닮았다고
해서 만물상(萬物相)이란 이름이 붙은
거지요.

생활에 필요한 온갖
물건을 파는 가게도
만물상이에요. 이때는
'모양 상(相)'이 아니라
'장사 상(商)'을 써요.

萬 일만 만

■ **팔만대장경**
(八여덟 팔 萬 大모두 대 藏
곳간 장 經경전 경)
부처님 말씀을 모두 모아 팔만
여 개의 나무판에 새겨 놓은 것

■ **반만년**(半반 반 萬 年해 년)
만 년의 절반, 곧 5천년

萬 많을 만

■ **만물**(萬 物물건 물)
수많은 물건

■ **만물상**(萬 物 相모양 상)
온갖 물건의 가지가지 모양을
닮은, 금강산의 봉우리

오른쪽 그림과 같이 운동회 때 거는
깃발을 뭐라고 하지요? (   )

① 만사기　　② 만국기
③ 만장기　　④ 만담기

네 ②번 만국기예요. 만국은 많은 나라를 말해요. 비슷한 말은 만방
이에요. 그러니까 만국기(萬國旗)는 세계 온갖 나라의 깃발을 말하
지요.

내가 **만일**
백조라면…

만일(萬 一)이란 '만 가지 중 하나'라는 말이에요. 그 정도로 일어나
기 힘든 일이라는 거지요. 예를 들어 갑자기 빌 게이츠처럼 백만장
자가 되는 일 같은 거 말이에요. 백만장자는 백만 불이 넘는 돈을
가진 사람, 즉 큰 부자를 말하거든요.
'매우 많다'라는 뜻의 '만'이 들어간 낱말로 다음 빈칸을 채워 봐요.
많은 사람은 ☐☐, 많은 일은 ☐☐, 많은 병은 ☐☐이지요.
답은 순서대로 만인, 만사, 만병이에요.
그래서 세상의 온갖 일은 세상만사,
무슨 일이든 다 잘되는 것은 만사형통,
무슨 병이든 다 고치는 것은 만병통치이지요.
온갖 일을 다 할 수 있는 걸 만능(萬能)이라고 해요. 하지만 사람은
만능이 아니잖아요. 언제 어떤 일을 당할지 모르니까 항상 만반의
준비를 해야 해요. 만반이란 만 가지 것을 뜻해요.
그러니까 '만반의 준비'는 온갖 뜻밖의 사고에 미리미리 대비한다는
말이지요.

■ **만국**(萬 國나라 국)
수많은 나라
■ **만방**(萬 邦나라 방)
수많은 나라
■ **만국기**(萬 國 旗깃발 기)
세계 온갖 나라의 깃발
■ **만일**(萬 一한 일)
만에 하나 / 매우 일어나기 힘
든 일
■ **백만장자**(百일백 백 萬 長클
장 者사람 자)
백만 불이 넘는 돈을 가진 큰 부자
■ **만인**(萬 人사람 인)
많은 사람, 모든 사람
■ **만사**(萬 事일 사)
많은 일, 모든 일
■ **만병**(萬 病병 병)
많은 병, 모든 병
■ **세상만사**
(世세상 세 上윗 상 萬事)
세상의 모든 일
■ **만사형통**
(萬事 亨잘될 형 通통할 통)
모든 일이 뜻대로 잘됨
■ **만병통치**
(萬病 通두루 통 治다스릴 치)
모든 병을 두루 다스려 낫게 함
■ **만능**(萬 能능할 능)
온갖 일을 다 할 수 있음
■ **만반**(萬 般가지 반)
온갖 것

> 히말라야의 눈은 여름에도 안 녹아.

이렇게 여름에도 녹지 않고 오랜 세월 쌓여 있는 눈을 뭐라고 할까요? (　　　)

① 만년설　　　② 만년빙　　　③ 만년

네, ①번 만년설이에요. 만년설(萬年雪)은 오랫동안 한결같이 쌓인 눈이라는 말이에요. 만년필은 잉크를 넣어 오랫동안 한결같이 쓸 수 있는 펜이지요. 만년은 이처럼 '오랫동안'을 뜻해요.

옆 그림에서 '만세'는 무슨 뜻일까요?

만세(萬歲)도 오랜 세월을 뜻해요.

그러니까 "대한민국 만세!"는 "대한민국이여, 영원히 빛나라!"라는 말이지요.

대한민국이 영원히 빛나려면 자식과 손자, 또 그 자식과 손자…

이렇게 계속 이어져야 해요.

이것을 자손만대라고 해요.

만대(萬代)는 매우 긴 시간이니까 '영원하다'라는 뜻으로 쓰여요.

> 대한독립 만세!!

> 누나, 만세가 뭐야?

또 만수(萬壽)라는 말도 있어요. 설날에 할아버지, 할머니께 세배를 드릴 때 "만수무강하세요."라고 하는 건 오래 사시라는 말이지요.

오랜 세월이나 영원함을 뜻하는 또 다른 말은 천년만년이에요.

천 년에 만 년을 더했으니 얼마나 긴 세월일까요?

萬　오랜 만

■ **만년설**(萬 年해 년 雪눈 설)
오랜 세월 녹지 않고 쌓여 있는 눈

■ **만년필**(萬 年 筆붓 필)
잉크를 넣어 오랫동안 쓸 수 있는 펜

■ **만년**(萬 年)
오랜 세월 한결같음

■ **만세**(萬 歲해 세)
오랜 세월 영원히 빛나라는 말

■ **자손만대**(子아들 자 孫손자 손 萬 代시대 대)
여러 대에 걸쳐 오래오래

■ **만대**(萬 代)
매우 긴 시간, 영원

■ **만수**(萬 壽목숨 수)
오래 삶, 장수

■ **만수무강**
(萬 壽 無없을 무 疆끝 강)
끝이 없이 오래 삶

■ **천년만년**
(千일천 천 年해 년 萬 年)
오랜 세월, 영원함

🔔 **대**(代시대 대)
'대'는 한 세대를 나타내는 말이에요. 30년쯤 되는 시간이지요.

헥헥, 너무 멀리 날아왔더니 몸이 무거워 높이 날 수가 없어…

제비의 몸이 무거워 보이지요? 이럴 때 몸이 천근만근 (千斤萬斤)이라고 해요. 천 근과 만 근을 합친 것 같다는 말이지요. 천 근과 만 근을 합치면 4톤쯤 된다고 하니, 정말 무겁겠지요?

천(千)도 '많다', 만(萬)도 '많다'이지요. 비슷한 말을 함께 써서 뜻을 강조한 거예요.

제비는 왜 몸이 천근만근일까요? 아주 먼 거리를 날아왔기 때문이에요. 천 리와 만 리를 합한 것처럼 아주 먼 거리를 천리만리(千里萬里)라고 해요.

날아오는 동안 제비는 배도 고프고 죽을 뻔하기도 했겠죠? 이것을 천신만고(千辛萬苦)라고 해요. '천 가지 매운 것과 만 가지 쓴 것', 즉 온갖 고생스러운 일을 겪었다는 말이지요.

생김새가 다르다는 말은 천차만별(千差萬別)이에요. 비슷한 말은 천태만상이지요. 둘 다 모든 사물의 모양이 제각각으로 다양하다는 것을 강조하는 말이에요.

萬	많을 만
千	많을 천

■ **천근만근**(千 斤무게 근 萬斤)
천 근과 만 근을 합친 것처럼 무거움

■ **천리만리**(千 里거리 리 萬里)
천 거리와 만 거리를 합한 것처럼 먼 거리

■ **천신만고**
(千 辛매울 신 萬 苦쓸 고)
온갖 고생스러운 일

■ **천차만별**
(千 差다를 차 萬 別다를 별)
여러 가지 사물이 차이가 있고 서로 다름

■ **천태만상**
(千 態모습 태 萬 象모양 상)
제각기 다른 모습과 모양

🔔 이런 말도 있어요

천만다행은 천 번 만 번 생각해도 매우 다행이라는 말이에요. 그럼 위험천만은요? 천 번 만 번 생각해도 너무 위험하다는 말이지요. 이렇게 천만에는 '매우'라는 뜻이 있어요. 반대로, '전혀 ~아니다'라는 뜻도 있지요. '천만의 말씀'에 쓰인 '천만'이 바로 이 뜻으로 쓰인 말이에요.

팔 **만** 대 장 경 　반 **만** 년 　**만** 물 　**만** 수 무 강

백 **만** 장 자 　**만** 사 형 통 　**만** 세 　천 신 **만** 고

팔만대장경

반만년

만물

만물상

만국

만방

만국기

만일

백만장자

만인

만사

만병

세상만사

만사형통

만병통치

만능

만반

1 공통으로 들어갈 한자를 따라 쓰세요.

| 반 | 년 |

| 국 기 |

萬
일만 만

| 수 |

| 세 |

| 팔 | 대 | 장 | 경 |

| 천 | 신 | 고 |

2 어떤 낱말에 대한 설명인지 쓰세요.

1) 1000의 10배 ➡ 일 ☐

2) 수많은 물건 ➡ ☐☐

3) 세계 온갖 나라의 국기 ➡ ☐☐☐

4) 모든 병을 일컫는 말 ➡ ☐☐

3 알맞은 낱말을 찾아 문장을 완성하세요.

1) 부처님의 말씀을 모두 모아 팔만여 개의 나무판에 새긴 것을 ☐☐

☐☐☐ 이라고 해.

2) 우리나라는 만 년의 절반인 ☐☐☐ 의 역사를 가지고 있어.

3) 그는 백만 불이 넘는 돈을 가진 ☐☐☐☐ 야.

4) 그의 이름은 길이 남아 ☐☐ 를 빛낼 거야.

4 문장에 어울리는 낱말을 골라 ○표 하세요.

1) 그 선수가 자기 이름을 세계 (만방 / 만물)에 떨쳤어.

2) 저 영화배우가 (만일 / 만고)에 내 친구라면 얼마나 좋을까?

3) 앞으로 무슨 일이 생길지 모르니 (만세 / 만반)의 준비를 하자.

4) 산 정상에 오르니 (만국 / 만세)(을)를 부르고 싶어져.

5 설명을 읽고, 알맞은 낱말을 연결하세요.

1) 몸이 아주 무거움 •   • 천만다행

2) 여러 가지 사물이 차이가 있고 서로 다름 •   • 천근만근

3) 매우 다행임 •   • 천차만별

4) 온갖 고생스러운 일 •   • 천신만고

6 빈칸에 공통으로 들어갈 두 글자를 글자판에서 골라 쓰세요.

1) 오랜 세월 녹지 않는 눈 ➡ ☐☐설

2) 오랫동안 쓸 수 있는 펜 ➡ ☐☐필

물	만	수
국	대	반
년	병	사

다음 낱말 목록:

만년설
만년필
만년
만세
자손만대
만대
만수
만수무강
천년만년
대
천근만근
천리만리
천신만고
천차만별
천태만상
천만다행
위험천만
천만

이성 교제는 성적과 관련이 있을까?

"이성 교제와 성적은 아무 관련이 없다고 생각해!"

여기서 관련은 관계를 맺어 연결되어 있다는 뜻이에요.

이렇게 관련된 성질을 관련성이라고 하고요. 집중력과 성적은 관련성이 있다고 하지요? 하지만 성적이 인생의 전부는 아니니 너무 스트레스 받지 말고, 즐겁게 공부해요.

관계를 맺는 관(關)

'관계자 외 출입 금지'라는 팻말을 본 적이 있지요?

관계는 둘 이상이 서로 관련을 맺는다는 뜻이에요. 관계자는 어떤 일과 관계가 있는 사람이고요. 관계된 사람이 아니면 들어가지 않아야겠죠?

관(關)이 들어간 낱말을 더 알아볼까요?

상관은 서로 관련을 가진다는 의미예요. 또 남의 일에 간섭한다는 의미도 가지고 있어요.

관여는 어떤 일에 관계하여 더불어 참여한다는 뜻으로 긍정적인 의미의 관계를 의미해요.

학교에서 유난히 눈에 띄고 마음이 가는 친구가 있죠?

이럴 때 관심이 있다고 말하잖아요.

關 관계할 관	聯 연이을 련

관계를 맺어 연결되어 있음

■ **관련성**(關聯 性성질 성)
서로 관련되는 성질

■ **관계**(關 係맬 계)
둘 이상이 서로 관련을 맺음

■ **관계자**(關係 者사람 자)
어떤 일에 관계가 있는 사람

■ **상관**(相서로 상 關)
서로 관련을 가짐 / 남의 일에 간섭함

■ **관여**(關 與더불 여)
어떤 일에 관계하여 더불어 참여함

관심은 관계를 맺고 싶은 마음이고, 관심을 끄는 일은 관심사죠.

우리의 관심사는 주로 친구, 게임인데 어른들은 공부에만 관심을

가지라고 하시니 참 속상해요.

한편, 관(關) 자는 빗장이나 관문의 의미도 있어요.

나라와 나라 사이의 경계나 요새의 성문을 관문,

국경을 통과하는 화물이나 선박을 검사하는 곳을 세관,

세관을 통과하는 화물에 대한 세금을 관세라고 하지요.

연결된 관계의 연(聯)

여름하면 무엇이 생각나나요? 수박, 바다, 기다리던 여름 방학 등

여러 가지 생각이 줄줄이 연상되지요? 여기서 연상은 하나의 생각

이 또 다른 생각을 연결하여 불러일으키는 현상을 뜻해요.

그러면 '연이을 연(聯)'과 관련 있는 낱말들을 더 알아볼까요?

사물이나 현상이 서로 관련 맺는 일을 연관,

관계를 맺는 것은 □계에요.

연관과 연계는 뜻이 서로 비슷해요.

연합은 두 가지 이상의 사물이 서로 합하여 하나의 조직체를 만드는

것이에요.

어떤 공동의 목적을 가진 단체

가 서로 연합하기로 맹세하는

것은 □맹,

연합해서 이루어진 나라는 □

방이지요.

관심(關 心마음 심)
관계를 맺고 싶은 마음

관심사(關 心 事일 사)
관심을 끄는 일

관문(關 門문 문)
나라와 나라 사이의 경계나
요새의 성문

세관(稅세금 세 關)
국경을 통과하는 화물이나
선박을 검사하는 곳

관세(關稅)
세관을 통과하는 화물에 대한
세금

연상(聯 想생각 상)
하나의 생각이 또 다른 생각을
연결하여 불러일으킴

연관(聯 關관계할 관)
사물이나 현상이 서로 관련을
맺는 것

연계(聯 繫맬 계)
관계를 맺음

연합(聯 合합할 합)
두 가지 이상의 사물이 합하여
하나의 조직체를 만드는 것

연맹(聯 盟맹세 맹)
서로 연합하기로 맹세함

연방(聯 邦나라 방)
연합하여 이루어진 나라

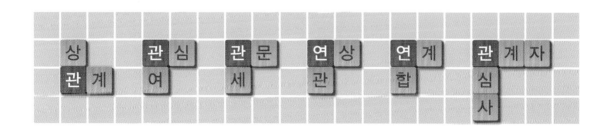

	상		관 심		관 문		연 상		연 계		관 계 자
관 계		여		세		관		합		심	
											사

아이돌 가수가 되는 상상

불가능한 **상상**은 그만하고 청소나 하시지.

나는 뛰어난 가수가 될 꿈을 꾸고 있다네~

10년 뒤의 나의 모습을 상상해 보아요. 어때요? 위 그림의 아이처럼 멋진 스타가 되어 있나요?

상상은 실제로 보지 못한 것을 생각해 보는 것이에요. 그래서 꿈과 비슷한 뜻으로 쓰이기도 해요. 여러분은 상상의 날개를 자주 펼치나요? 상상의 힘인 상상력을 기른다면 우리의 생각주머니는 엄청나게 커질 거예요.

별의별 생각들 상(想)

생각에도 여러 종류가 있다는 것을 아세요?

어떤 사물에 대해 갖고 있는 구체적인 생각은 사상이에요. 마음속에서 일어나는 느낌이나 생각은 감상이고, 마음속에 품고 있는 여러 생각은 상념, 이리저리 생각하는 것은 구상이지요.

미술 시간에 무엇을 그릴지 작품 구상 중인데, 공상만 한다고 선생님에게 꾸중을 듣기도 하죠. 공상은 실제로는 실현될 수 없는 것을 상상하는 것을 말해요.

꿈속의 생각인 몽상도 있어요. 몽상만 하는 사람은 몽상가이지요.

사람들은 생각을 참 많이 하는 것 같죠?

想 생각 상 **像** 모양 상

실제로 보지 못한 것을 생각해 봄

● **상상력**(想像 力힘 력)
상상하는 힘

● **사상**(思생각 사 想)
어떤 사물에 대해 갖고 있는 구체적인 생각

● **감상**(感느낄 감 想)
마음속에서 일어나는 생각

● **상념**(想 念생각 념)
마음속에 품고 있는 여러 생각

● **구상**(構얽을 구 想)
이리저리 생각함

● **공상**(空헛될 공 想)
실현될 수 없는 것을 상상함

● **몽상**(夢꿈 몽 想)
꿈속의 생각

● **몽상가**(夢 想 家사람 가)
몽상만 하는 사람

상상력을 발휘해서 빈칸을 채워 보세요.

지그시 두 눈을 감고 생각하는 것은 명상,

어떤 일을 직접 하기 전에 미리 하는 생각은 예□,

어떤 새로운 생각을 해 내는 것은 발□이지요.

시를 짓기 위한 생각이나 느낌은 시□,

생각할 수 있는 가장 완전한 모습이나 상태는 이□,

이상에 가까운 것은 이상적이라고 해요.

생각할 수 있는 가장 완전한 사람을 이상형,

이상의 세계는 이상향이죠.

별의별 모양들 상(像)

이번에는 모양에 관한 별의별 낱말들을 알아볼까요?

형상은 '모양 형(形)'에 '모양 상(象)'이 합쳐진 말로 사물의 모양이라는 뜻이에요.

구리로 만든 사람이나 동물 형상을 동상이라고 해요. 이순신 장군 동상처럼 주로 나라를 빛낸 위인의 모습을 상상하거나 본떠서 만들죠.

불상은 부처님의 형상을 표현한 동상이에요.

진짜가 아닌 형상도 있어요. 실제로 없는 것이 있는 것처럼 나타난 형상은 허상, 실제처럼 보이는 형상은 가상이지요.

우상은 신처럼 숭배하는 대상이 되는 물건이나 사람을 말해요.

저기 치킨, 햄버거, 피자가 매달려 있어. 다이어트 2시간 만에 **허상**이 보이는구나.

명상(冥잠길 명 想)
지그시 두 눈을 감고 생각함

예상(豫미리 예 想)
미리 생각해 둠

발상(發일으킬 발 想)
어떤 새로운 생각을 해 냄

시상(詩시 시 想)
시를 짓기 위한 생각이나 느낌

이상(理다스릴 이 想)
생각할 수 있는 가장 완전한 모습

이상적(理想 的~하는 적)
이상에 가까운 것

이상형(理想 型모형 형)
생각할 수 있는 가장 완전한 사람

이상향(理想 鄕장소 향)
이상의 세계

형상(形모양 형 象모양 상)
사물의 생긴 모양이나 상태

동상(銅구리 동 像)
구리로 만든 사람이나 동물 모양

불상(佛부처 불 像)
부처의 형상을 표현한 동상

허상(虛빌 허 像)
없는 것이 있는 것처럼 보임

가상(假거짓 가 像)
실제처럼 보이는 형상

우상(偶허수아비 우 像)
숭배하는 대상이 되는 사람

| 사 | | 감 상 | | 몽 | | 이 | | 불 | | 가 |
| 상 상 력 | | 념 | | 공 상 | | 예 상 | | 형 상 | | 우 상 |

씨낱말
블록 맞추기

관 련

1 공통으로 들어갈 낱말을 쓰세요.

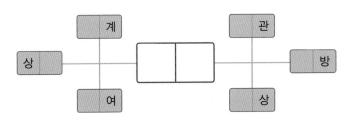

| 관련 |
| 관련성 |
| 관계 |
| 관계자 |
| 상관 |
| 관여 |
| 관심 |
| 관심사 |
| 관문 |
| 세관 |
| 관세 |
| 연상 |
| 연관 |
| 연계 |
| 연합 |
| 연맹 |
| 연방 |

2 주어진 낱말을 넣어 문장을 완성하세요.

1) 상 / 관 계   둘 이상이 서로 관련을 맺는 것은 ☐☐ 인데, 이런 관계는 서로 관련을 가지는 ☐☐ 이 있다.

2) 관 문 / 세   화물이 나라와 나라 사이의 경계인 ☐☐ 을 통과할 때는 세금인 ☐☐ 를 내야 한다.

3) 연 상 / 관   여름하면 생각나는 것을 ☐☐ 해 봤더니, 바다와 ☐☐ 된 것들이 많았다.

4) 연 계 / 합   이번 축제는 국어 과목과 ☐☐ 한 주제들이 많아 독서 ☐☐ 동아리가 적극 참여하기로 했다.

3 문장에 어울리는 낱말을 골라 ○표 하세요.

1) 이성 교제와 성적은 아무 (관람 / 관련)이 없다고.

2) 이성 친구에게 (관심 / 관련)이 있는 것은 너무나도 자연스러운 일이야.

3) 유럽 (연상 / 연합)은 여러 유럽 국가들의 경제적, 정치적 공동체야.

① 공통으로 들어갈 낱말을 쓰세요.

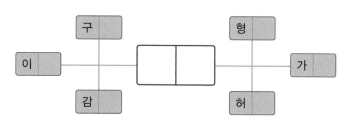

| 상상 |
| 상상력 |
| 사상 |
| 감상 |
| 상념 |
| 구상 |
| 공상 |
| 몽상 |
| 몽상가 |
| 명상 |
| 예상 |
| 발상 |
| 시상 |
| 이상 |
| 이상적 |
| 이상형 |
| 이상향 |
| 형상 |
| 동상 |
| 불상 |
| 허상 |
| 가상 |
| 우상 |

② 주어진 낱말을 넣어 문장을 완성하세요.

1) 사 / 상 상 력

상상하는 힘은 ☐☐☐이고, 어떤 사물에 대한 구체적인 생각은 ☐☐이라고 한다.

2) 감 상 / 념

마음속에서 일어나는 느낌이나 생각은 ☐☐이고, 마음속에 품고 있는 여러 생각은 ☐☐이다.

3) 몽 / 공 상

실제로 실현될 수 없는 것을 상상하는 것은 ☐☐, 꿈속의 생각은 ☐☐이다.

4) 이 / 예 상

미리 생각해 두는 것은 ☐☐, 생각할 수 있는 가장 완전한 모습이나 상태는 ☐☐이다.

③ 문장에 어울리는 낱말을 골라 ○표 하세요.

1) 가수의 꿈을 이루는 (상상 / 형상)만 해도 행복해.

2) 이제 그만, 그런 헛된 (시상 / 공상)은 그만두라고.

3) 화가 날 때는 지그시 두 눈을 감고 (명상 / 이상)을 하면 효과가 있지.

4) 너의 (이상형 / 이상향)은 누구니?

5) 이순신 장군 (우상 / 동상) 앞에서 만나자.

언제까지 수동적으로 살 거야?

> 엄마, 문제집 다 풀었는데 그다음에는 뭐 할까요?

> 언제까지 그렇게 **수동적**으로 살 거야?

> 아삭

수동적이란 말은 무슨 뜻일까요? 수동은 '받을 수(受)'와 '움직일 동(動)'이 합쳐진 낱말로 다른 것의 작용을 받아 움직인다는 뜻을 가지고 있어요. 이렇게 스스로 움직이지 않고 다른 힘을 받아 움직이는 것을 수동적이라고 하죠. 남이 시키는 대로만 할 때 수동적 자세, 수동적인 태도라고 하잖아요.

그럼 '받을 수(受)' 자가 들어간 낱말은 어떤 의미를 지니는지 알아봐요.

좋고 나쁜 것을 받는 수(受)

어떤 것을 받아들이는 것을 수용이라고 해요. 상을 받는 것은 수상이에요. 상을 받는다는 건 참 좋은 일이죠?

전화를 받는 것은 수화이고, 전화기에서 상대방의 말을 듣는 부분은 수화기라고 하죠.

이익을 얻은 것은 수익이에요. '수익 달성', '수익 창출'이라는 말에 써요.

수령은 돈이나 물품을 받아들이는 것을 뜻해요. 택배 물품을 수령하다, 또는 아빠가 월급을 수령한다고 하죠.

受 받을 수	動 움직일 동
다른 것의 작용을 받아 움직임	

■ **수동적**(受動 的~하는 적)
다른 것의 영향을 받아 움직이는 것

■ **수용**(受 容받아들일 용)
어떠한 것을 받아들임

■ **수상**(受 賞상줄 상)
상을 받음

■ **수화**(受 話말씀 화)
전화를 받음

■ **수화기**(受話 器도구 기)
전화기에서 상대방의 말을 듣는 부분

■ **수익**(受 益더할 익)
이익을 얻음

■ **수령**(受 領받을 령)
돈이나 물품을 받아들임

과학 시간에 동·식물의 수정이라는 말을 들어봤죠? 수정은 정액의 정자를 받는다는 말이에요. 수정을 마친 알을 수정란이라고 해요. 우체국에서 쓰는 말 중에도 '수' 자가 들어간 낱말이 많아요. 우편물이나 전보를 부치려면 우선 접수를 해요. 접수는 맞이하여 받아들인다는 의미예요.

소식을 받는 것은 수신, 받아서 가지는 것을 수취라고 해요. 그렇다면 받는 사람은 각각 수신인, 수취인이라고 하면 되겠네요. 수(受) 뒤에 부정적인 낱말이 오면 부정적인 의미로 변하지요. 수난은 어려운 일을 당한다는 의미예요. 우리 민족의 가장 큰 수난은 일제 강점기였지요.

우리 민족은 일본군에게 수모를 당했지요. 수모는 누군가에게 업신여김을 받음을 말해요. 그러고 보니 '수(受)' 뒤에 나오는 말을 ' ~을 받는다'고 쓰면 좋겠네요.

움직이는 동(動)

'움직일 동(動)' 자는 움직임과 그 변화를 나타낼 때 주로 쓰여요. 몸의 움직임은 운동이라고 하잖아요. 물체의 움직임은 동체이고요. 움직이고 있는 모양은 동적이라고 하고 스스로 움직여 행동하는 것을 능동적이라고 해요.

공부한다고 너무 오래 앉아 있지 말고, 몸을 움직여 행동하는 활동도 해 보세요.

수정(受 精정액 정)
정액의 정자를 받음

수정란(受精 卵알 란)
수정을 마친 알

접수(接접할 접 受)
맞이하여 받아들임

수신(受 信소식 신)
소식을 받음

수신인(受信 人사람 인)
소식을 받는 사람

수취(受 取가질 취)
받아서 가짐

수취인(受取人)
받아서 가지는 사람

수난(受 難어려울 난)
어려운 일을 당함

수모(受 侮업신여길 모)
업신여김을 받음

운동(運움직일 운 動)
몸을 움직이는 일

동체(動 體몸 체)
물체의 움직임

동적(動的)
움직이고 있는 모양

능동적(能할 능 動的)
스스로 움직이는 것

활동(活살 활 動)
몸을 움직여 행동함

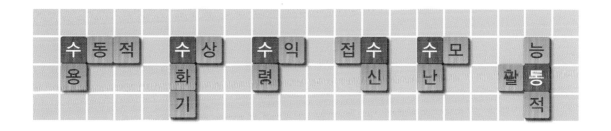

위 그림을 보세요. 담벼락의 소변으로 과연 범행을 증명할 수 있을까요? 증명은 '증거 증(證)', '밝을 명(明)' 두 한자가 합쳐진 낱말로 '증거를 들어서 밝히다'는 뜻이에요. 어떤 사실이나 결론이 옳고 그른지를 밝히는 일이기도 하지요. 증거는 어떤 사실을 증명할 수 있는 근거를 말하거든요.

학생증이나 여권을 만들 때 증명사진을 찍어 봤을 거예요. 증명사진은 바로 나를 증명하는 사진인 거죠.

증거가 되는 것을 말할 때는 증(證)

수업 시간에 옆 친구가 떠들었는데 선생님이 전혀 상관없는 나를 혼낸다면 억울하겠죠? 내가 떠들지 않았다는 것을 어떻게 증명할 수 있을까요? 이 상황을 알고 있는 증인이 있다면 해결되겠네요.

증인은 어떤 사실을 증명하는 사람이에요. 증인으로서 사실을 말하는 것은 증언이지요.

법정에 선 증인은 증언하기 전에 위증하지 않겠다고 선서를 해요. 위증은 거짓으로 증명하는 것을 뜻해요.

증거가 되는 문서나 서류는 증권이라 해요.

證	明
증거 증	밝을 명
증거를 들어서 밝힘	

■ **증거**(證 據근거 거)
어떤 사실을 증명할 수 있는 근거

■ **증인**(證 人사람 인)
어떤 사실을 증명하는 사람

■ **증언**(證 言말씀 언)
증인으로서 사실을 말함

■ **위증**(僞거짓 위 證)
거짓으로 증명함

■ **증권**(證 券문서 권)
증거가 되는 문서나 서류

법정에서는 이러한 증거가 되는 것들을 토대로 검사와 변호사가 옳고 그름을 설명하게 되는데, 이것을 논증이라 해요.

증명하는 말들은 법정에서 많이 쓰여요. 이때 실제로 증명하는 것을 실증, 확실한 증거를 내세워 증명하는 것은 입증이지요.

반대가 되는 근거를 들어 증명하는 것을 반증이라고 해요.

이 모든 것들은 검사하여 증명하는 검증을 거쳐야 신뢰할 수 있는 증거가 된답니다.

어떤 사물이나 사람에 대해 책임지고 틀림없음을 증명하는 것은 보증이에요.

보증을 섰다가 돈을 대신 갚거나 책임져야 하는 경우가 생기니 보증은 신중하게 서야 해요.

분명한 것을 말할 때는 명(明)

분명한 것을 뜻하는 낱말에는 명(明) 자가 들어가요. 분명은 틀림없이 확실하다는 뜻이에요.

뚜렷하고 분명할 때는 □료하다고 해요.

어떤 사실을 자세히 따져서 밝히는 것은 규□이에요. 어떤 사건이나 사고의 원인을 규명하는 것은 아주 중요해요.

빛을 비추어 밝게 하는 조□은 천장에서 밝히기도 하지만, 어떤 대상을 일정한 관점에서 바라볼 때도 '조명하다'고 말한답니다.

- **논증**(論논할 논 證)
  옳고 그름을 이유를 들어 설명함
- **실증**(實실제 실 證)
  실제로 증명함
- **입증**(立설 립 證)
  확실한 증거를 내세워 증명함
- **반증**(反반대 반 證)
  반대되는 근거를 들어 증명함
- **검증**(檢검사할 검 證)
  검사하여 증명함
- **보증**(保지킬 보 證)
  책임지고 틀림없음을 증명함
- **분명**(分명백할 분 明)
  틀림없이 확실함
- **명료**(明 瞭밝을 료)
  뚜렷하고 분명함
- **규명**(糾따질 규 明)
  어떤 사실을 자세히 따져서 밝힘
- **조명**(照비칠 조 明)
  빛을 비추어 밝게 함 / 어떤 대상을 일정한 관점에서 바라봄

1 공통으로 들어갈 낱말을 쓰세요.

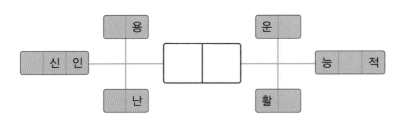

수동
수동적
수용
수상
수화
수화기
수익
수령
수정
수정란
접수
수신
수신인
수취
수취인
수난
수모
운동
동체
동적
능동적
활동

2 주어진 낱말을 넣어 문장을 완성하세요.

1) ┌수┬상┐ □□□를 통해 이번 대회에서 최우수상을
   ├화┤
   └기┘ □□한다는 소식을 들었다.

2) ┌수┬령┐ 이익을 얻는 것은 □□, 이러한 수익을 받아들이는
   └익┘ 것을 □□이라고 한다.

3) ┌수┬모┐ 일제 강점기라는 □□의 역사 속에서 가장 큰
   └난┘ □□는 어린 소녀들을 위안부로 끌고 간 것이다.

4) ┌─┬능┐ 어떤 일에건 수동적이 아닌 □□□으로 참여하기
   │활┤동│
   └─┴적┘ 위해서는 다양한 □□을 두려워하지 않아야 한다.

3 문장에 어울리는 낱말을 골라 ○표 하세요.

1) 병원에 가면 우선 (수신 / 접수)부터 해야 한다.

2) 편지지에는 편지를 받는 사람인 (수취인 / 발신인)을 꼭 적으렴.

3) 공부는 (능동적 / 수동적)으로 할 때 효과가 있다.

1 공통으로 들어갈 낱말을 쓰세요.

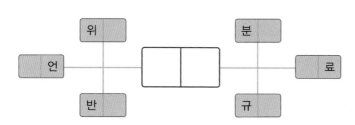

2 주어진 낱말을 넣어 문장을 완성하세요.

1)
```
증  거
인
```
어떤 사실을 증명하기 위해서는 확실한 ☐☐와
이 사실을 증명해 줄 ☐☐이 필요하다.

2)
```
위
증  언
```
법정에 선 증인이 ☐☐을 할 때에, 거짓으로 증명하
는 ☐☐을 하면 위증죄로 벌을 받게 된다.

3)
```
    반
입  증
```
검사가 확실한 증거를 내세워 범인의 죄를 ☐☐하자,
변호사는 이에 반대되는 근거를 들어 ☐☐을 했다.

4)
```
분  명
    료
```
틀림없이 확신한 것은 ☐☐, 뚜렷하고 분명한 것은
☐☐하다라고 한다.

3 문장에 어울리는 낱말을 골라 ○표 하세요.

1) (증권 / 증거)이(가) 충분하지 않다면 무죄를 증명할 수 없다고.

2) 증인은 신성한 법정에서 (위증 / 검증)하지 않을 것을 맹세하시겠습니까?

3) (보장 / 보증)은 대신 책임지는 일이니 신중해야 해.

4) 역사를 바로 세우기 위해서 진실은 (규명 / 분명)되어야 해.

증명
증거
증인
증언
위증
증권
논증
실증
입증
반증
검증
보증
분명
명료
규명
조명

어떤 학과에 가서 배우고 싶니?

대학생 언니, 오빠들이 "나는 역사학과에 다녀.", "나는 음악학과에 다녀."라고 하는 말을 들어 본 적이 있나요?

역사학과에서는 역사에 대해 전문적으로 배워요. 음악학과에서는 음악을 전문적으로 배우고요.

이렇게 학과는 '배울 학(學)'에 '과목 과(科)'를 더한 낱말로, 배우는 과목 또는 나누어 놓은 학문을 뜻해요.

학과와 같이 배우는 것과 관련된 낱말을 더 알아볼까요?

배우다는 의미의 학(學)

물음을 통해 배워 익히는 것을 학문이라고 해요. 학문에 바탕을 두어 체계적인 것을 학문적이라고 하지요.

학문은 크게 세 분야로 나뉘어요. 자연 현상과 법칙을 연구하는 학문을 자연 과학이라 해요. 인간과 인간 문화에 관한 학문은 인문 과학이죠. 그럼 여기서 문제! 사회의 여러 현상을 연구하는 학문은 무엇이라고 할까요? 네, 사회 과학이죠.

또 다른 낱말을 계속 배워 볼까요?

학문과 기술은 학술, 어떤 학술에 대한 체계적인 주장은 학설,

學 배울 학 | **科** 과목 과

배우는 과목 / 나누어 놓은 학문

- **학문**(學 問물을 문)
  물음을 통해 배워서 익힘
- **학문적**(學問 的~하는 적)
  학문에 바탕을 두어 체계적인 것
- **자연 과학**
  (自스스로 자 然그럴 연 科學)
  자연 현상과 법칙을 연구함
- **인문 과학**
  (人사람 인 文글월 문 科學)
  인간과 인간 문화에 관한 학문
- **사회 과학**
  (社모일 사 會모일 회 科學)
  사회의 현상을 연구하는 학문
- **학술**(學 術재주 술)
  학문과 기술
- **학설**(學 說생각 설)
  학술에 대한 체계적인 주장

세계석으로 통일하여 부르는 동식물의 학술상 이름은 학명이에요.
'배울 학(學)'은 학교와도 관련이 있어요.
학생이 학교에서 공부하는 일을 학업,
교과 과정, 입학이나 졸업 등 학교생활에 대한 규칙은 학칙이에요.
여러분은 아마 초등학교부터 중학교, 고등학교 등에 계속 진학하여
공부하겠죠? 그러다 보면 어느 학교에서 어떤 공부를 했는지 등의
학업 내력, 즉 학력이 쌓여요.
대학교나 대학원에 진학하여 졸업하면 학위를 받아요. 어떤 학문을
전문적으로 익혔기 때문에 자격이 주어지는 거예요. 초등학생인 여
러분은 앞으로 거쳐야 할 학교가 참 많아요.

과목을 뜻하는 과(科)

여러분은 어떤 수업을 가장 좋아하나요? 수학, 미술… 아니면 체
육? 이처럼 학교에서 학생들을 가르치기 위해 수학, 사회, 체육 등
분야별로 갈라놓은 학문을 과목이라고 해요. '과목 과(科)'에는 나
누다는 의미가 포함되어 있어요.
과목에 따른 구별은 과목별, 여러
과목을 내용에 따라 묶은 것은 교과,
교과에 따른 구별은 교과별, 가르
치는 과목의 내용을 담아 펴낸 책은
교과서예요.
이렇듯 무언가를 나눈다는 뜻을 가
진 낱말은 '과(科)' 자가 쓰였어요.

우린 **과목별**로
제일 잘 하는 게 있지!

■ **학명**(學 名이름 명)
세계적으로 통일하여 부르는
동식물의 학술상 이름
■ **학업**(學 業일 업)
학생이 학교에서 공부하는 일
■ **학칙**(學 則법칙 칙)
교과 과정, 입학이나 졸업 등
학교생활에 관한 규칙
■ **학력**(學 歷지날 력)
어느 학교에서 어떤 공부를 했
는지 등의 학업 내력
■ **학위**(學 位자리 위)
대학이나 대학원에서 어떤 부분
의 학문을 전문적으로 익히고
졸업한 사람에게 주는 자격
■ **과목**(科 目항목 목)
학문을 분야별로 갈라놓은 것
■ **과목별**(科目 別나눌 별)
과목에 따른 구별
■ **교과**(教가르칠 교 科)
과목을 내용에 따라 묶은 것
■ **교과별**(教科別)
교과에 따른 구별
■ **교과서**(教科 書책 서)
가르치는 과목의 내용을 담아
서 펴낸 책

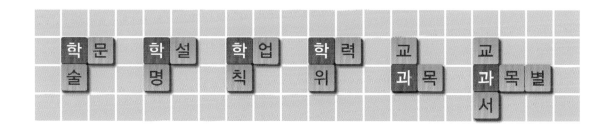

학 문
술
학 설
명
학 업
칙
학 력
위
교
과 목
교
과 목 별
서

씨낱말 · 학습 도구어

기본이 되는 표준, 기준

기 준

선생님이 체육 시간에 "기준으로부터 양팔 벌려 좌우로 나란히!"라고 하면 여러분들은 어떻게 해야 할까요? 기준은 제자리에 가만히 있고 기준을 제외한 모든 친구가 앞뒤 좌우로 움직여야 해요.

기준은 '기본 기(基)'에 '표준 준(準)'을 더한 낱말로 무엇을 판단하는 데 기본이 되는 표준이란 뜻이에요. 그러니까 기준은 '양팔 벌려 좌우로 나란히'라는 동작의 기본이 되는 표준인 거지요.

기초, 기본을 뜻하는 기(基)

지르기, 막기, 차기, 서기…. 태권도를 배울 때는 기본 동작을 먼저 배워요. 수영, 발레 등의 운동도 마찬가지예요.

기본 동작은 다른 여러 동작을 배우는 밑거름이 되거든요. 이처럼 기본은 '기본 기(基)'와 '근본 본(本)'이 합쳐진 글자로 어떤 사물이나 현상을 이루는 근본, 즉 밑바탕을 말해요.

기본의 뜻이 담긴 낱말을 더 알아볼까요?

기초의 '초'는 주춧돌을 의미해요. 즉, 기초는 건물을 받쳐 주는 주춧돌처럼 사물이나 건물을 지지하는 것 또는 어떤 일의 맨 처음을 말하지요. 그래서 집을 지을 때는 건물이 지탱할 수 있도록 기초를

基 기본 기	準 표준 준
무엇을 판단하는 데 기본이 되는 표준	

■ **기본**(基 本근본 본)
어떤 사물이나 현상을 이루는 근본, 밑바탕

■ **기초**(基 礎주춧돌 초)
사물이나 건물을 지지하는 것 / 어떤 일의 맨 처음

56

다지는 기초 공사가 제일 중요하답니다.

기반은 사물이나 일의 기초가 되는 토대를 말해요. "기반을 잘 다져야 한다."라는 말을 많이 쓰죠?

기저는 어떤 것의 밑에 깔려 있는 부분이에요. "이 영화의 기저에는 애국 사상이 깔려 있다."처럼 어떤 행동이나 사상을 나타내는 생각을 뜻하기도 해요.

표준을 뜻하는 준(準)

준(準)이 들어가는 단어는 '따라야 하는 기준'을 의미하는 경우가 많아요. 어떤 것의 성격이나 정도를 알기 위한 기준을 표시한 값을 표준이라고 해요. '표준 몸무게', '표준 키'라는 단어로 활용되지요.

어떤 일이나 의견에 대한 근거는 준거,

필요한 것을 미리 마련하여 갖추는 것은 준비,

사물의 가치나 질을 비교하고 나누는 기준은 수준,

총이나 대포를 쏠 때 목표물을 향해 방향과 거리를 잡는 것은 조준이에요.

'표준 준(準)' 자가 단어 앞에 붙으면 어떤 것에 비기거나, 바로 뒤따를 정도의 수준이나 자격을 나타내요. 우승 앞에 '준'이 붙은 준우승은 우승 다음가는 순위를 말해요. 결승 앞에 '준'이 붙은 준결승은 결승에 나가는 자격을 겨루는 경기이지요.

기초 공사
(基礎 工공사 공 事일 사)
건물이 지탱할 수 있도록 기초를 다지는 공사

기반(基 盤밑받침 반)
사물이나 일의 기초가 되는 토대

기저(基 底밑 저)
어떤 것의 밑에 깔려 있는 부분 / 어떤 행동이나 사상을 나타내는 생각

표준(標표시할 표 準기준 준)
어떤 것의 성격이나 정도를 알기 위한 기준을 표시한 값

준거(準 據근거 거)
어떤 일이나 의견에 대한 근거

준비(準 備갖출 비)
필요한 것을 미리 마련하여 갖춤

수준(水물 수 準)
사물의 질을 비교하는 기준

조준(照견주어 볼 조 準)
총이나 대포를 쏠 때 목표물을 향해 방향과 거리를 잡는 것

준우승
(準 優뛰어날 우 勝이길 승)
우승 다음가는 순위

준결승(準 決결단할 결 勝)
결승전에 나가는 자격을 겨루는 경기

기	본		기	반		표	준		수			준	우	승			기
초			저				거		준	비		결				조	준
												승					

씨낱말
블록 맞추기

학 과

① 공통으로 들어갈 낱말을 쓰세요.

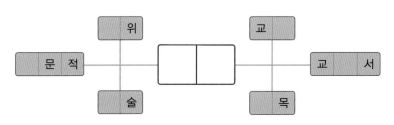

위

문 적

술

교

목

교   서

② 주어진 낱말을 넣어 문장을 완성하세요.

1) 학 설
   술

학문과 기술을 아울러 ☐☐이라고 하고,

이것에 대한 체계적인 설명을 ☐☐이라고 해.

2) 교
   과 목

학문을 분야별로 갈라놓은 것은 ☐☐,

이것을 내용에 따라 묶은 것은 ☐☐야.

3) 학 업
   칙

학생이라면 ☐☐을 게을리하지 않고,

학교가 정한 ☐☐을 무시해서는 안 돼.

③ 문장에 어울리는 낱말을 골라 ○표 하세요.

1) 나도 언젠가 대학교를 졸업해서 (학설 / 학위)을(를) 받을 거야.

2) 고등학생인 형은 초등학생인 나보다 (학칙 / 학력)이 더 높아.

④ 예문에 어울리는 낱말을 써 넣으세요. [사회]

학문은 크게 세 분야로 나뉜다. 자연 현상과 법칙을 연구하는 학문은
☐☐ ☐☐, 인간과 인간 문화에 관한 학문은 ☐☐☐
☐, 사회의 여러 현상을 연구하는 학문은 ☐☐ ☐☐이다.

학과
학문
학문적
자연 과학
인문 과학
사회 과학
학술
학설
학명
학업
학칙
학력
학위
과목
과목별
교과
교과별
교과서

1 공통으로 들어갈 낱말을 쓰세요.

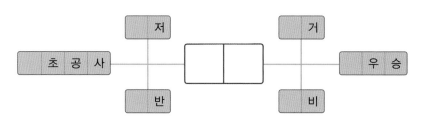

기준	
기본	
기초	
기초 공사	
기반	
기저	
표준	
준거	
준비	
수준	
조준	
준우승	
준결승	

2 주어진 낱말을 넣어 문장을 완성하세요.

1) 기 본 / 초
모든 운동에는 ☐☐ 동작이 있듯이,
모든 건물에는 ☐☐ 공사가 필요해.

2) 조 준 / 비
사냥꾼은 ☐☐한 총을 꺼낸 다음,
목표물에 ☐☐하고 방아쇠를 당겼다.

3) 기 반 / 저
☐☐은(는) 사물이나 일의 기초가 되는 토대를,
☐☐은(는) 어떤 것의 밑에 깔려 있는 부분을 말해.

4) 표 준 / 거
☐☐은(는) 어떤 것의 성격이나 정도를 알기 위해 기준
을 표시한 값을, ☐☐은(는) 어떤 일이나 의견에 대한
근거를 말해.

3 문장에 어울리는 낱말을 골라 ○표 하세요.

1) 대부분의 전래 동화는 권선징악이 (기저 / 기초)에 깔려 있어요.

2) 선덕 여왕은 삼국 통일의 (기반 / 기본)을 다진 신라 최초의 여왕이에요.

3) 모든 재판은 법에 (조준 / 준거)하여 판결을 내린다.

4) 흥, 너랑은 도저히 (표준 / 수준)이 안 맞아서 못 놀겠어!

위 그림의 아이는 무엇을 하겠다는 걸까요? 강아지풀의 생김새를 살펴보고 특징을 찾는 등의 연구를 해 보겠다는 거예요. 연구란 어떤 것을 깊이 조사하고 생각하는 것이지요. 이처럼 무언가를 찾아낸다는 '찾을 탐(探)'과 무언가를 연구한다는 '연구할 구(究)'가 만나면, 어떠한 사실을 찾아서 깊이 연구하는 뜻의 탐구가 되지요.

우리도 탐구와 관련된 낱말을 '탐구'해 볼까요?

무언가를 찾을 때 탐(探)

"우주 탐사를 위해 우주선이 발사되었어요."라는 말을 들어 본 적 있죠?

우주선은 우주 공간에 가서 그곳에 무엇이 있는지 찾아 조사하는 탐사를 해요. 이를 소재로 한 영화는 언제 봐도 재미있지요. 위험할 수도 있지만 궁금한 곳에 가서 무언가를 찾고 밝히는 탐험 이야기라서 더더욱 그런가 봐요.

이처럼 탐(探)은 찾고 살펴야 하는 낱말에 쓰이는 경우가 많아요.

샅샅이 더듬어 찾는 것은 탐색,

장소나 사람을 찾아 방문하는 것은 탐방,

探	究
찾을 탐	연구할 구

어떠한 사실을 찾아 깊이 연구함

■ **연구**(硏갈 연 究)
깊이 조사하고 생각하는 것

■ **탐사**(探 査조사할 사)
사실을 찾아서 조사하는 것

■ **탐험**(探 險험할 험)
위험할 수도 있는 곳에 가서 무언가를 찾고 밝힘

■ **탐색**(探 索찾을 색)
샅샅이 더듬어 찾음

■ **탐방**(探 訪찾을 방)
장소나 사람을 찾아 방문함

살펴서 바라보는 것은 탐망이죠. 좀 더 살펴볼까요?

여러분이 잘 알고 있는 셜록 홈스의 직업은 탐정이에요. 탐정은 숨겨진 일이나 사건 등을 찾아내는 일을 하죠. 그래서 몰래 살피거나 조사하는 염탐을 해요.

홈스는 항상 사건과 관련된 사람들을 찾아가 물어보는 탐문을 했어요. 사람들의 답변을 통해 생각지도 못했던 사실을 찾아서 알아내죠. 역시 탐지를 잘하는 능력 있는 탐정이군요.

홈스에게 탐지를 잘하는 개, 탐지견이 있다면 큰 도움이 될 거예요. 종종 어두운 곳에서 증거를 찾기 위해 수사를 계속해야 할 때도 있어요. 이럴 땐 빛으로

셜록이 **탐지견**과 **탐조등**을 들고 **탐문**을 하고 있군

밝혀서 찾아내는 조명 기구인 탐조등이 있다면 문제없겠네요!

무언가를 연구할 때 구(究)

'연구할 구(究)'는 구멍(穴)과 아홉(九)이 합쳐진 글자로 아홉 번이나 구멍을 팔 정도로 깊이 연구하여 밝힌다는 뜻이에요.

연구를 전문적으로 하는 기관을 연구소라고 해요. 경제를 연구하는 곳은 경제 연구소, 과학 수사를 연구하는 곳은 과학 수사 연구소라고 하지요. 연구소에서 일하는 사람을 연구원이라고 해요.

연구원들은 항상 끝이 다할 때까지 파고들어 깊이 연구하죠. 이럴 때 '다할 궁(窮)'을 써서 궁구하다고 해요.

탐망(探 望바랄 망)
살펴서 바라봄

탐정(探 偵염탐할 정)
숨겨진 일이나 사건 등을 찾아내는 일을 하는 사람

염탐(廉살필 염 探)
몰래 살피거나 조사함

탐문(探 問물을 문)
사람들을 찾아가 묻는 것

탐지(探 知알 지)
찾아서 알아냄

탐지견(探知 犬개 견)
탐지를 잘하는 개

탐조등(探 照비칠 조 燈등 등)
빛으로 밝혀서 찾아내는 조명 기구

연구소(研究 所장소 소)
연구를 전문적으로 하는 기관

연구원(研究 員사람 원)
연구소에서 일하는 사람

궁구(窮다할 궁 究)
끝까지 파고들어 깊이 연구함

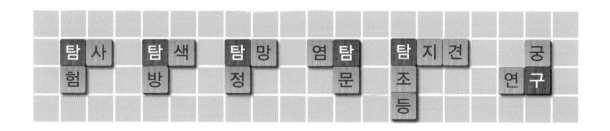

효율이 크면 보람도 커

효 율

집에 있는 냉장고 문을 잘 살펴보세요. '에너지 효율 등급'이 표시된 스티커를 찾았나요?

효율이란 들인 힘과 결과물의 비율을 말해요. 그러니까 전기를 적게 사용하지만, 냉장 기능이 훌륭한 냉장고는 효율이 높다고 할 수 있어요. 효율이 높거나 큰 것은 효율적이라고 해요.

공부도 마찬가지예요. 짧은 시간이라도 집중력을 발휘해서 효율적으로 공부하면 누구나 좋은 성적을 받을 수 있을 거예요!

보람 있는 효(效)

효(效)는 보람을 나타내는 낱말에 주로 쓰여요. 일을 하고 난 뒤에 얻는 보람이나 좋은 결과를 효과라고 해요. 효과는 있을 수도 있고 없을 수도 있겠죠? 효과가 있을 때는 유효, 없을 때는 무효라고 해요. 보람과 관련된 낱말을 더 살펴볼까요?

보람 있게 쓰이는 것은 효용, 일이나 치료의 보람은 효험, 약이 가지는 효과는 약효, 어떤 것이 가지는 능력은 효능,

어떤 것이 작용하는 힘은 효력이라고 해요. 뜻이 비슷비슷하지요?

효력은 법률이나 규칙이 작용하는 힘을 뜻하기도 해요. 이처럼 '효'

效 率
보람 효 | 비율 율

들인 힘과 결과물의 비율

■ **효율적**(效率 的~하는 적)
효율이 높거나 큰 것

■ **효과**(效 果결과 과)
어떤 일을 하고 난 뒤에 얻는 보람이나 좋은 결과

■ **유효**(有 있을 유 效)
효과가 있음

■ **무효**(無 없을 무 效)
효과가 없음

■ **효용**(效 用쓸 용)
보람 있게 쓰이는 것

■ **효험**(效 驗효과 험)
일이나 치료의 보람

■ **약효**(藥약 약 效)
약이 가지는 효과

■ **효능**(效 能능할 능)
어떤 것이 가지는 능력

는 법과 관련된 단어에 사용되기도 한답니다.

법의 효력을 잃었을 때는 실효, 어떠한 권리가 법에 따라 일정 기간 동안 유지되는 일은 시효라고 해요. 일정 기간이 지나면 검사가 범인을 공식적으로 고소할 수 있는 기간이 끝나는데 이를 공소 시효라고 하지요.

수나 양을 비교하는 율(率)

'율(率)'은 비율을 나타내는 낱말에 자주 등장해요. 비율은 기준량에 비교했을 때의 수나 양의 크기를 말하지요. 비율이 높다는 것은 기준에 비해 높다는 것을 의미해요. 배율은 거울, 렌즈, 망원경,

현미경 등으로 볼 때 실제 물체 크기의 비율을 말해요. 현미경과 돋보기 중 어떤 것이 더 자세하게 보일까요? 당연히 배율이 더 높은 현미경이에요. 높은 배율을 고율, 낮은 배율은 저율이라고 해요.

다른 나라 돈을 서로 바꾸는 비율은 환율, 물건값에 포함된 세금의 비율은 세율, 어떤 일이 일어날 확실성의 정도는 확률, 경기에서 이긴 비율은 승률이에요. 야구처럼 수많은 경기를 치르는 운동 경기의 순위를 매기는 데 사용되지요.

야구 선수들이 안타를 치는 비율을 타율이라고 하는데 타율이 높을수록 실력 있는 선수라고 할 수 있겠죠?

효력(效 力힘 력)
어떤 것이 작용하는 힘 / 법률이나 규칙이 작용하는 힘

실효(失잃을 실 效)
법의 효력을 잃는 것

시효(時때 시 效)
어떠한 권리가 법에 의해 일정 기간 동안 유지되는 일

비율(比견줄 비 率비례 율)
기준량에 비교했을 때의 수나 양의 크기

배율(倍곱 배 率)
거울, 렌즈, 망원경, 현미경 등으로 볼 때 실제 물체 크기의 비율

고율(高높을 고 率)
배율이 높음

저율(低낮을 저 率)
배율이 낮음

환율(換바꿀 환 率)
다른 나라 돈을 서로 바꾸는 비율

세율(稅세금 세 率)
물건값에 포함된 세금의 비율

확률(確분명할 확 率)
어떤 일이 일어날 확실성의 정도

승률(勝이길 승 率)
경기에서 이긴 비율

타율(打칠 타 率)
야구 선수들이 안타를 치는 비율

탐 구

1 공통으로 들어갈 낱말을 쓰세요.

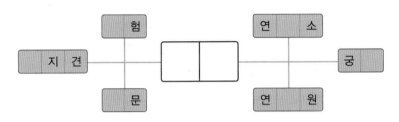

탐구
연구
탐사
탐험
탐색
탐방
탐망
탐정
염탐
탐문
탐지
탐지견
탐조등
연구소
연구원
궁구

2 주어진 낱말을 넣어 문장을 완성하세요.

1) 탐 사 / 색

동굴 ☐☐ 에 나선 사람들은

조심스럽게 동굴 안을 ☐☐ 하기 시작했어요.

2) 염 탐 / 문

형사는 마을을 돌며 ☐☐ 을 하다가

수상한 사람을 몰래 ☐☐ 을 하기 시작했어요.

3) 탐 지 / 망

멀리서 적의 움직임을 ☐☐ 하던 군인은

드디어 적의 정체를 ☐☐ 했어요.

4) 탐 지 견 / 조 / 등

경찰은 어두운 곳을 비추는 ☐☐☐ 을 들고 냄

새를 잘 맡는 ☐☐☐ 과 함께 범인을 찾았어요.

3 문장에 어울리는 낱말을 골라 ○표 하세요.

1) 셜록 홈스는 세계적으로 유명한 추리 소설의 (탐망 / 탐정)이야.

2) 미지의 세계를 (탐험 / 탐문)하는 영화는 언제 봐도 재미있어!

3) 다음 주에는 역사 박물관을 (탐방 / 탐색)하도록 하겠어요.

4) 무릇 학자라면 무슨 일이든 (탐망 / 궁구)하는 자세가 필요해요.

5) 오늘은 거미를 한번 (탐구 / 탐방)해 보고 싶어!

1 공통으로 들어갈 낱말을 쓰세요.

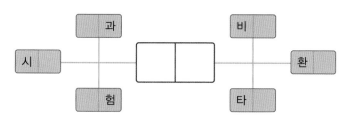

효율
효율적
효과
유효
무효
효용
효험
약효
효능
효력
실효
시효
비율
배율
고율
저율
환율
세율
확률
승률
타율

2 주어진 낱말을 넣어 문장을 완성하세요.

1) 무 / 유 효

후보자를 바르게 적은 투표 용지만 ☐☐ 처리되고

나머지는 모두 ☐☐ 처리됩니다.

2) 실 / 효 력

법률이나 규칙이 작용하는 힘을 ☐☐,

그 힘을 잃는 것을 ☐☐(이)라고 해요.

3) 확 / 승 률

내가 응원하는 팀은 ☐☐이 높아.

즉, 이길 ☐☐이 높다는 거지.

3 문장에 어울리는 낱말을 골라 ○표 하세요.

1) 이 동작은 살을 빼는 데 (효과 / 시효)가 있어요.

2) 꾸준히 약을 지어 먹었더니 서서히 (실효 / 약효)가 나타났어요.

3) 미국은 우리나라와 달리 각 주마다 (세율 / 환율)이 달라요.

4 예문에 어울리는 낱말을 써넣으세요. [과학]

☐☐은 거울, 렌즈, 망원경, 현미경 등으로 볼 때 실제 물체 크기의
비율을 말한다. 현미경은 눈에 보이지 않는 세균도 확인할 수 있는 ☐
☐, 돋보기는 현미경보다 훨씬 낮은 ☐☐이다.

밤새도록 담화를 나누어 볼까?

담화

어머, 벌써 동이 트네?

하하하

자세한 담화는 밥 먹고 하자.

호호호

만약, 친구 집에서 하룻밤 지낼 일이 생긴다면 무엇을 하고 싶나요? 밤새 담화를 나눠 보고 싶다고요? 담화는 서로 이야기를 주고받는다는 의미예요. 각자의 고민들을 털어놓다 보면 어느새 동이 터 오를 거예요.

또 담화는 '대통령 담화'와 같이 공적인 자리에 있는 사람이 어떤 문제에 대한 태도를 밝히는 것을 뜻해요.

이 외에도 말과 관련된 단어를 더 살펴보아요.

말과 관련된 단어에는 말씀 언(言)

'말씀 언(言)', '말씀 어(語)', '말씀 담(談)', '말씀 화(話)'의 한자를 잘 보세요. 이와 같이 말과 관련된 낱말은 모두 '말씀 언(言)' 자가 들어가 있어요. 언(言)은 가장 일반적으로 쓰는 말이에요

생각이나 느낌을 나타내는 말이나 글은 언어, 말을 꺼내 의견을 내는 것은 발언, 말하는 목소리는 언성이지요.

어(語)는 응답하는 말이나, 이리저리 따지며 논한다는 뜻이에요.

한 나라의 국민이 쓰는 말은 국어,

말의 법칙이나 규칙은 어법이에요. 어법은 말이나 글을 제대로 쓰

談
말씀 담

話
말씀 화

서로 이야기를 주고받는 것 / 공적인 자리에 있는 사람이 어떤 문제에 대한 태도를 밝히는 것

■ **언어**(言말씀 언 語말씀 어)
생각이나 느낌을 나타내는 말

■ **발언**(發낼 발 言)
말을 꺼내 의견을 냄

■ **언성**(言 聲소리 성)
말하는 목소리

■ **국어**(國나라 국 語)
한 나라의 국민이 쓰는 말

■ **어법**(語 法법 법)
말의 법칙이나 규칙

■ **좌담**(座앉을 좌 談)
한자리에 앉아서 나누는 이야기

■ **잡담**(雜섞일 잡 談)
쓸데없이 떠드는 말

■ **괴담**(怪괴이할 괴 談)
괴상한 이야기

고 있는지 따져볼 때 필요해요.

담(談)은 평범하게 주고받는 말이에요.

앞에서 설명했듯이 서로 이야기를 주고받는 것은 담화, 한자리에 앉아서 나누는 이야기는 좌담, 쓸데없이 떠드는 말은 잡담이지요.

괴상한 이야기는 괴담이고요.

화(話)는 모여서 나누는 말이에요.

마주 이야기를 나누는 것은 대화, 이야기 제목이나 이야깃거리는 화제, 이야기의 첫머리는 화두이지요.

무슨 재밌는 **잡담**하냐?

잡담이 아니고 점심 뭐 먹을지 **좌담**을 나누고 있는 중이라고!

늘어놓는 이야기, 사설(辭說)

사(辭)는 옳고 그름을 따지거나 상황을 다스림을 뜻해요. 대개 글로 써져 있을 때가 많지요.

'말씀 사(辭)' 자를 넣어 낱말을 만들어 볼까요?

늘어놓는 말이나 이야기는 ☐설, 축하하는 말이나 글은 축☐, 칭찬하는 말이나 글은 찬☐, 기쁜 마음으로 맞이하는 인사말은 환영☐, 기쁜 마음으로 떠나보내는 인사말은 환송☐예요.

답하는 말은 답☐겠지요.

설(說)은 풀이하는 말 또는 풀어서 하는 말이에요.

종교의 가르침을 설명하거나 해설하는 것은 ☐교, 알아듣도록 말하여 뜻에 따르게 하는 것은 ☐복이에요. 자신의 의견을 논리적으로 설명하는 것은 논☐, 신문사나 잡자사의 논설은 사☐이에요.

대화(對대할 대 話)
마주 이야기를 나누는 것

화제(話 題제목 제)
이야기 제목 / 이야깃거리

화두(話 頭머리 두)
이야기의 첫머리

사설(辭말씀 사 說말씀 설)
늘어놓는 말이나 이야기

축사(祝축하할 축 辭)
축하하는 말이나 글

찬사(讚칭찬할 찬 辭)
칭찬하는 말이나 글

환영사
(歡기쁠 환 迎맞이할 영 辭)
기쁜 마음으로 맞이하는 인사말

환송사(歡 送보낼 송 辭)
기쁜 마음으로 보내는 인사말

답사(答답할 답 辭)
답하는 말

설교(說말씀 설 敎가르칠 교)
종교의 가르침을 설명함

설복(說 服따를 복)
알아듣도록 말하여 뜻에 따르게 함

논설(論논할 논 說)
의견을 논리적으로 설명함

사설(社회사 사 說)
신문사나 잡지사의 논설

국어 언어 좌 화제 축 설교
법 성 잡담 두 찬사 복

연예인 K군 군대 면제!

면 제

어디가 아픈 거지?

종종 '○○○ 장관 파면' 등 파면이라는 단어가 등장해요. 여기서 파면이란 잘못을 저지른 사람에게 일을 그만두게 하는 것이에요. '연예인 ○○○ 씨 군대 면제'라는 말도 들어 본 적이 있나요? 면제는 책임이나 의무 등을 면해 주는 것이에요. 몸이 아픈 사람은 군대가 면제돼요.

'세균을 제거해야 해요.'에서 제거란 없애 버리는 것이에요.

이렇듯 '마칠 파(罷)', '면할 면(免)', '덜 제(除)' 자가 들어가는 낱말들은 그만두게 하거나 없애 버린다는 뜻을 가져요.

그만둘 때는 파(罷), 면할 때는 면(免)

백성을 못살게 굴던 탐관오리가 ☐직되었어요. 파직이란 관직에서 물러나는 것을 말해요.

그런데 마을 노비들이 임금을 올려달라고 ☐업했어요. 하던 일을 중지하는 것이 파업이에요. 노비들이 파업하자, 마을 사람들은 ☐역력을 높여 주는 음식을 잔뜩 차려 놓고 설득했어요.

면역은 병을 면하다, 즉 어떤 병에 걸리지 않는 상태를 뜻하고, 면역력은 면역의 힘, 외부에서 들어온 균에 저항하는 힘을 말해요.

罷	免
마칠 파	면할 면

잘못을 저지른 사람에게 일을 그만두게 하는 것

■ **면제**(免 除덜 제)
책임이나 의무 등을 면해 주는 것

■ **제거**(除 去갈 거)
없애 버리는 것

■ **파직**(罷 職직분 직)
관직에서 물러나게 하는 것

■ **파업**(罷 業업 업)
하던 일을 중지하는 것

■ **면역력**
(免 疫전염병 역 力힘 력)
외부에서 들어온 균에 저항하는 힘

■ **면역**(免疫)
어떤 병에 걸리지 않는 상태

노비들은 죄를 묻지 않는다는 조건, 즉 ☐책을 받기로 하고 파업을 중지했어요. 면책은 책임을 면하는 것이에요.

☐책 특권은 면책에 대한 특권을 가지는 것이에요. 국회 의원은 범죄 현장에서 잡힌 범인이 아니라면 죄를 지어도 잡혀가지 않아요. 책임이 면제되는 특별한 권리를 가지고 있기 때문이에요.

☐허는 자격이나 기술을 인정한다는 뜻이에요. 운전면허가 있으면 운전을 할 때마다 허락받지 않아도 돼요. ☐허증은 면허의 내용과 사실을 쓴 증서예요.

제거할 때는 제(除)

제거하는 의미의 제(除)는 여러 가지로 쓰일 수 있어요.
제막은 막을 걷어 낸다, 제거한다는 것이에요. 동상이나 기념비 등을 다 만든 뒤 제막을 하는 의식은 제막식이라고 해요.
"눈이 많이 내린 겨울날, 제설 작업이 늦어지면 눈이 도로에 얼어

붙어요."에서 제설은 쌓인 눈을 치우는 것, 제거한다는 것이에요.
"오랫동안 학교에 나오지 않은 학생은 제적될 수 있어요." 제적은 학생에 대한 기록이 담긴 문서에서 이름을 지워 버리는 것이에요.
제외는 따로 떼어 내는 것이에요. 삭제는 지워 버리는 것, 배제는 받아들이지 않고 물리쳐 제외하는 것, 해제는 묶인 것을 풀어 자유롭게 하는 것이에요.

면책(免 責책임 책)
책임을 면하는 것

면책 특권
(免責 特특별할 특 權권리 권)
면책에 대한 특권을 가지는 것

면허(免 許허락할 허)
자격이나 기술을 인정함

면허증(免許 證 증거 증)
면허의 내용과 사실을 쓴 증서

제막(除 幕장막 막)
막을 걷어 내는 것

제막식(除幕 式의식 식)
동상이나 기념비 등을 다 만든 뒤 제막을 하는 의식

제설(除 雪눈 설)
쌓인 눈을 치우는 것

제적(除 籍문서 적)
문서에서 이름을 지워 버리는 것

제외(除 外바깥 외)
따로 떼어 내는 것

삭제(削깎을 삭 除)
지워 버리는 것

배제(排밀칠 배 除)
받아들이지 않고 물리쳐 제외하는 것

해제(解풀 해 除)
묶인것을 풀어 자유롭게 하는 것

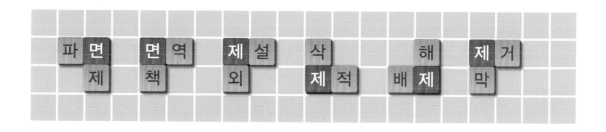

① 공통으로 들어갈 낱말을 쓰세요.

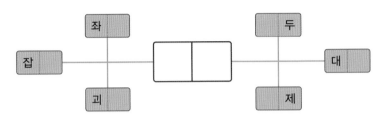

② 주어진 낱말을 넣어 문장을 완성하세요.

1)
괴
잡	담

친구들과 모여서 ☐☐ 을 하던 중 갑자기 수영이가
무서운 ☐☐ 을 꺼내기 시작했어.

2)
대	화
	제

우리의 ☐☐ 에는 언제나 다양한 ☐☐ 가 있지.

3)
	찬
축	사

☐☐ 는 축하하는 말이나 글, ☐☐ 는 칭찬하는
말이나 글을 뜻해.

4)
	사
논	설

자신의 의견을 논리적으로 설명하는 것은 ☐☐ ,
신문사나 잡지사의 논설은 ☐☐ 이라고 해.

5)
발	언
	성

회의에서 ☐☐ 할 때는 ☐☐ 을 높이지 말고 침
착하게 말해야 해.

③ 문장에 어울리는 낱말을 골라 ○표 하세요.

1) 우리 학교 음악실에는 밤마다 귀신이 피아노를 친다는 (괴담 / 좌담)이
떠돌아.

2) 말을 하거나 글을 쓸 때는 (언성 / 어법)에 맞는지 잘 따져 봐야 해.

3) 새로운 선생님이 오셔서 반장이 대표로 (환송사 / 환영사)를 했어.

담화
언어
발언
언성
국어
어법
좌담
잡담
괴담
대화
화제
화두
사설
축사
찬사
환영사
환송사
답사
설교
설복
논설
사설

1 공통으로 들어갈 낱말을 쓰세요.

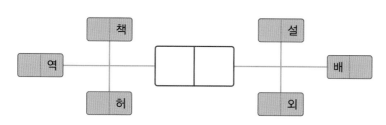

파면
면제
제거
파직
파업
면역력
면역
면책
면책 특권
면허
면허증
제막
제막식
제설
제적
제외
삭제
배제
해제

2 알맞은 낱말을 찾아 문장을 완성하세요.

1) | 파 | 직 |
   |---|---|
   | 업 | |

   관직에서 물러나게 하는 것은 ☐☐,

   하던 일을 중지하는 것은 ☐☐이다.

2) | 면 | 책 |
   |---|---|
   | 허 | |

   책임을 면하는 것은 ☐☐,

   자격이나 기술을 인정하는 것을 ☐☐이다.

3) | 제 | 막 |
   |---|---|
   | 외 | |

   막을 걷어 내는 것은 ☐☐,

   따로 떼어 내는 것은 ☐☐이다.

3 문장에 어울리는 낱말을 골라 ○표 하세요.

1) 자동차 공장 노동자들은 10일부터 (파업 / 파직)하기로 결정했어요.

2) 새벽에 눈이 많이 내려서 (제설 / 제적) 작업을 서둘러야 해요.

3) 그는 어떤 가능성도 (삭제 / 배제)하지 않고 조사하였어요.

4 다음 밑줄 그은 글자가 [보기]와 같은 뜻이 아닌 것은? ( )

보기	그만두게 하거나 없애 버린다는 뜻

① 파직   ② 파업   ③ 면책

④ 삭제   ⑤ 파악

	1)							6)				7)
							9)					
			3)		8)							
	2)											
					10)				11)			
	4)			5)					12)		13)	
					17)							
		15)								14)		
		16)										

정답 | 142쪽

🔑 가로 열쇠

1) 외부에서 들어온 균에 저항하는 힘
2) 권리를 정해진 한도에 맞게 사용하는 것
4) 서로서로 도움. "옛날에는 바쁘고 힘든 농사일을 할 때 한 마을 사람들이 ○○○○했어."
6) 다른 사람을 불쌍히 여기는 마음
8) 오만가지 표정이 될 정도로 잔뜩 찌푸린 얼굴을 일컬음
10) 몸의 안쪽에 있는 기관. 심장, 간, 폐, 대장 등의 장기를 통틀어 이르는 말
12) 계산하는 데 쓰는 도구
14) 몰래 비밀스럽게 보내는 사자. 심부름꾼
16) 효율이 높거나 큰 것
17) "영화배우 K는 내 ○○○이야."

🔑 세로 열쇠

1) 책임을 면하는 특별한 권리를 가지는 것
3) 우주의 모든 사물이 늘 변하여 한 모양으로 머물러 있지 않음을 가리키는 말
4) 상상하는 힘. "책을 많이 읽으면 ○○○을 기를 수 있어."
5) 빛을 비추어 밝게 하는 것. 또는 빛을 비추어 밝게 하는 기구
7) 대수롭지 않고 예사로운 것. "○○한 기분."
9) 부처님 말씀을 모아 팔만 여개의 나무판에 새겨 놓은 것
11) 어떤 일에 관계가 있는 사람
13) 건물이 지탱할 수 있도록 기초를 다지는 공사. 어떤 일의 기본을 다지는 일을 일컫기도 함
15) 약이 가지는 효과. "○○가 좋아서 감기가 금방 나았어!"
17) 이상에 가까운 것

2장

가득 채워 100, 많으니까 백

일백 백

> 엄마, 이번 생일에도 이렇게 차려 주세요!

> 넌 어떻게 매년 **백일**잔치냐? 안 클래?

아이가 태어난 날로부터 백 일째 되는 날을 백일(百日)이라고 하지요. 유아 사망률이 높았던 옛날에는 아기가 살아서 백일을 맞기가 그리 쉽지 않았어요. 그래서 그것을 축하하기 위해 가족과 친척들이 모여 백일잔치를 벌였지요.

> 백합 사세요.

> 엥? **백합**에 색이 있네? 가짜인가?

백합은 다 흰색일까요? 아니에요. 백합(百合)이라고 흰색만 있는 건 아니랍니다. 백합이라는 이름 때문에 '백합은 하얀 꽃'이라고 생각하기 쉬운데, 백합의 '백'은 '흰 백(白)'이 아니고 '일백 백(百)'이에요. 백 개의 뿌리가 합쳐진 꽃이라는 말이지요. 이렇게 이름에 백(百) 자가 들어가는 식물이 또 있네요. 네, '백일홍'이에요. 백일홍은 꽃이 100일 동안 붉게 핀다고 해서 붙여진 이름이에요.

百 **일백 백**

● **백일**(百 日날 일)
아이가 태어난 지 백 일째 되는 날

● **백합**(百 合합할 합)
백 개의 뿌리가 합쳐진 꽃, 백합과의 여러해살이풀

● **백일홍**(百日 紅붉을 홍)
백 일 동안 붉게 피는 꽃, 국화과의 한해살이풀

🔔 백일기도(百日 祈빌 기 禱빌 도)는 바라는 일을 이루어 달라고 백 일 동안 정성껏 비는 것을 말해요.

🔔 백년초(百 年해년 草풀 초)는 선인장의 한 종류예요. 백 년 넘게 사는 식물, 또는 백 가지 병을 낫게 하는 식물이라는 뜻으로 붙여진 이름이지요.

삼국 시대에 백제(百濟)라는 나라가 있었어요. 왜 나라 이름에 백(百) 자를 썼을까요? 확실치는 않지만, 이런 이야기가 있어요. 백제의 시조인 온조왕이 처음 세운 나라의 이름은 십제(十濟)였어요. 그런데 따르는 사람이 늘어나 나라 규모가 커지자, 십(十)의 열 배인 '일백 백(百)'을 써서 규모에 맞게 이름을 바꾸었다는 거지요.

 한편, 조선 말기에 경복궁을 다시 지을 때, 공사에 필요한 막대한 비용을 마련하기 위해 흥선 대원군은 '당백전'이라는 화폐를 만들었어요.

여기서 '당백전'은 무슨 뜻일까요? (　　　)

① 백 배의 가치에 해당하는 돈
② 흰색을 띠는 돈

정답은 ①번이에요. 당백전(當百錢)은 당시 쓰이던 돈인 상평통보의 100배에 해당하는 가치를 가진 화폐였답니다. 그러나 실질적인 가치는 5~6배 정도밖에 되지 않았기 때문에, 많은 부작용이 있어 오래 쓰이진 못했어요.

백문불여일견이라더니!

^%/$#*&%@!
&****&^^.'

백문불여일견(百聞不如一見)이라는 말, 한번쯤은 들어 보았지요? 백 번 듣는 것이 한 번 보는 것만 못하다는 말이에요. 즉, 무엇이든지 제 눈으로 직접 경험을 해야 확실히 안다는 말이지요.
일당백(一當百)은 한 사람이 백 사람을 당해 낸다는 말이에요. 매우 용감하거나 능력이 빼어난 사람을 일컫는 말이지요.

■ **백제**(百 濟구제할 제)
고구려, 신라와 함께 삼국을 이루던 나라

■ **당백전**
(當해당할 당 百 錢돈 전)
상평통보의 100배의 가치에 해당하는 돈으로, 조선 말기에 흥선 대원군이 새롭게 만든 화폐

■ **백문불여일견**(百 聞들을 문 不아니 불 如같을 여 一한 일 見볼 견)
백 번 듣는 것이 한 번 보는 것만 못함 / 무엇이든 직접 경험해야 확실히 알 수 있음

■ **일당백**(一한 일 當百)
한 사람이 백 사람을 당해 냄

🔔 백부장(百 夫사내 부 長우두머리 장)은 옛 로마 군대에서 100명으로 조직된 단위 부대의 우두머리를 말해요.

百 **많을 백**

■ **백해무익**(百 害해로울 해 無
없을 무 益이로울 익)
해로움은 많고 이로움은 없음

■ **백화점**
(百 貨물건 화 店가게 점)
많은 물건을 파는 가게

■ **백과**(百 科과목 과)
온갖 과목

■ **백엽상**
(百 葉잎 엽 箱상자 상)
잎처럼 생긴 판자 여러 장을 상
자 모양으로 짜 맞춘 기상 관측
용 설비

■ **백중**(百 中가운데 중)
음력 7월 보름으로, 백종(百
種씨 종)에서 유래한 말

■ **백발백중**(百 發쏠 발 百中)
쏘는 대로 다 맞음, 준말은 백
중(百中)

🔔 백만장자(百 萬일만 만 長클
장 者사람 자)는 재산이 매우 많
은 사람을, 오곡백과(五다섯 오
穀곡식 곡 百 果과일 과)는 온갖 곡
식과 과일을 말해요.

백해무익(百害無益)이란 해롭기만 하고 하나도 이로운 바가 없다
는 뜻이에요. 백해무익의 '백'은 꼭 100이라기보다 그만큼 많다는
말이지요. 이렇게 백(百)에는 '여러, 많은, 온갖'이라는 뜻도 있어요.

밑줄 친 '백' 가운데 나머지와 뜻이 <u>다른</u> 것은 무엇일까요? (　　)

① <u>백</u>화점　　　② <u>백</u>과사전　　　③ <u>백</u>엽상　　　④ <u>백</u>일

정답은 ④번이에요. 왜일까요? 백화점(百貨店)은 많은 물건들을
진열해 놓고 판매하는 곳이지요. 백과(百科)사전은 학문, 예술, 문
화, 사회, 경제 등 여러 분야에 걸쳐 지식을 총망라해 놓은 사전이
에요. 둘 다 '많다'라는 뜻의 백(百)을 써요.

백엽상의 '백'도 마찬가지예요. 백엽상(百
葉箱)은 기다란 잎처럼 생긴 나무판자 여러
장을 짜 맞추어 상자 모양으로 만든 것이지
요. 판자가 많이 쓰이지만 꼭 100장인 건
아니죠. 하지만 백일의 '백'은 정확히 100
을 나타내요. 그래서 답이 ④번이에요.

백엽상

🔔 **이런 말도 있어요**

음력 7월 보름날인 백중(百中)은 '백 가지 곡식의 씨앗을 갖추어 놓았다'란 뜻의 '백종(百
種)'에서 유래한 말이에요. 불교 행사로 시작되었지만, 일반 사람들도 여러 음식을 함께
나누며 즐겁게 놀지요. 한편 총이나 대포, 활 따위를 쏘는 족족 겨눈 곳에 다 맞는 것을 백
중(百中) 또는 백발백중(百發百中)이라고 해요.

백날 꾸며 봐.
호박이 수박 되나.

■ 백(百)날
모든 날, 아주 오랜 날 동안

■ 백성(百 姓성씨 성)
모든 성씨의 사람 / 나라를 이루는 모든 사람 또는 계급 사회에서의 일반 평민

■ 백수백복도(百 壽목숨 수 百 福복 복 圖그림 도)
모든 수명(장수)과 모든 복을 비는 그림

■ 백방(百 方방법 방)
모든 방법

🔔 백관(百 官관리 관)은 모든 관리를 말해요. 문관과 무관을 합쳐 '문무백관'이라고 부르지요.

🔔 백년가약(百年 佳아름다울 가 約약속 약)이란 백 년, 즉 평생을 갈 아름다운 약속이라는 말이에요. 결혼식 때 신랑 신부가 백년가약을 맺지요.

🔔 백전백승(百 戰싸움 전 百 勝승리 승)은 모든 싸움에서 다 승리를 거둔다는 말이죠.

백날? 100일? 여기서 백(百)날은 '모든' 날, 즉 '아주 오랫동안'이란 말이에요. "백날 노력해 봤자 아무 소용없다."와 같이 주로 안 좋은 의미를 가진 말과 함께 쓰여요.

백성(百姓)은 '모든 성씨의 사람'이에요. 백성 없는 나라는 없지요? 백성은 이처럼 나라의 근본을 이루는 모든 사람을 이르는 말이에요. 한편, 백성은 계급 사회였던 옛날에 양반이 아닌 일반 평민을 일컫던 말이기도 했어요.

백수백복도
(계명대학교 행소박물관 소장)

왼쪽 그림은 백수백복도(百壽百福圖)예요. 물고기와 새, 꽃 등으로 수(壽)와 복(福) 자를 반복하여 나타낸 그림이에요. 모든 수명(장수)과 모든 복을 바라는 마음이 담겨 있지요. 이때도 백(百)은 '모든'을 뜻해요.

"치료 약을 구하기 위해 백방으로 알아보고 있다."에서 '백방'은 무슨 뜻일까요?

백방(百方)은 '모든 방법'을 뜻해요. 어떤 문제를 해결해 줄 온갖 방법과 온갖 수단을 가리키는 말이지요.

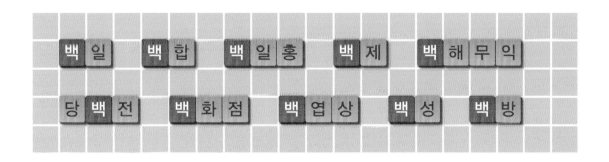

백일 백합 백일홍 백제 백해무익

당백전 백화점 백엽상 백성 백방

일백 **백**

左側の語群:
백일
백합
백일홍
백일기도
백년초
백제
당백전
백문불여일견
일당백
백부장
백해무익

① 공통으로 들어갈 한자를 따라 쓰세요.

일 홍 ── 과 ── 百 ── 날 ── 일
당 전 일백 **백** 성

② 어떤 낱말에 대한 설명인지 쓰세요.

1) 아이가 태어난 지 백 일째 되는 날 ➡ ☐☐

2) 백 개의 뿌리가 합쳐진 꽃 ➡ ☐☐

3) 고구려, 신라와 함께 삼국을 이루던 나라 ➡ ☐☐

4) 여러 가지 물건을 파는 가게가 모인 곳 ➡ ☐☐☐

③ 알맞은 낱말을 찾아 문장을 완성하세요.

1) 그런 책은 ☐☐ 봐야 도움이 안 돼.

2) 약을 ☐☐ 으로 써 봤지만 병이 점점 깊어져.

3) 고구려를 세운 주몽의 활 솜씨는 ☐☐☐☐ 명사수였어.

4) 임금이 중요한 결정을 하기 위해 조정의 모든 문무 ☐☐ 을 모이게
했어.

4 문장에 어울리는 낱말을 골라 ○표 하세요.

1) 이건 말로만 해서는 안 돼. (백문 / 백선)이 불여일견이야.

2) 화단에 놓인 (백엽상 / 백화점)에서 온도와 습도를 알아봐.

3) 흥선 대원군이 공사비를 마련하려고 (일당백 / 당백전)을 만들었어.

4) 모든 싸움에서 다 승리를 거둔다는 말은 (백전백승 / 백발백중)이야.

5 빈칸에 들어갈 사자성어를 [보기]에서 골라 쓰세요.

| 보기 | 백발백중 | 백해무익 | 백년가약 | 백만장자 |

1) ☐☐☐☐ 한 담배를 아직도 피우십니까?

2) 우리나라 양궁 선수는 과녁의 중앙을 ☐☐☐☐ 맞혀서, 금메달을 땄어.

3) 오랜 연애 끝에 두 사람은 ☐☐☐☐(을)를 맺었어.

4) 그가 발명한 제품은 큰 성공을 거두어 젊은 나이에 ☐☐☐☐ 가 되었어.

6 설명을 읽고, 알맞은 낱말을 연결하세요.

1) 백 년을 넘게 사는 선인장의 한 종류 •   • 백성

2) 한 사람이 열 사람을 당해 낸다는 뜻 •   • 백년초

3) 옛 로마 군대의 우두머리 •   • 일당백

4) 나라를 이루는 모든 사람을 일컫는 말 •   • 백부장

백화점 / 백과 / 백엽상 / 백중 / 백발백중 / 백만장자 / 오곡백과 / 백날 / 백성 / 백수백복도 / 백방 / 백과 / 백년가약 / 백전백승

낙서도 글은 글!

우리 꼬마 친구가 낙서하느라 바쁘네요. 낙서(落書)는 '글을 아무렇게나 흘리다'라는 말이에요. 이럴 때 서(書)는 글을 말해요.

회의록과 같은 글을 기록하는 사람을 뭐라고 부를까요? ( )
① 총무 　 ② 회계 　 ③ 서기 　 ④ 오락

맞아요! 정답은 ③번 서기(書記)예요. 글을 기록하고 문서를 관리하는 사람이란 말이죠.

옛날에는 서당에서 글을 배웠죠? 서당(書堂)은 글방이에요. 그럼

서당 개 삼 년이면 풍월을 읊는다고 했으니, 너도 뭘 하나 해야지?

도산 서원과 같은 서원(書院)은 무엇을 하는 곳일까요? 조선 시대에 선비들이 모여 글을 익히고, 성현의 제사를 모시던 곳이에요.

나중에 양반들이 서원을 정치적 근거지로 삼으면서 여러 가지 문제를 낳기도 했지요.

書 　 글 서

■ **낙서**(落흘릴 낙 書)
글을 함부로 흘림 / 장난으로 함부로 쓴 글씨나 그림

■ **서기**(書 記기록할 기)
글을 기록하고 문서를 관리하는 사람

■ **서당**(書 堂집 당)
글방

■ **서원**(書 院집 원)
조선 시대에 선비들이 모여서 글을 익히고 성현을 제사 지내던 곳

서당이나 서원이 있던 옛날에는 전화도 없고 전자 우편도 없었어요. 그때에는 서로 연락을 할 때 어떤 수단을 사용했을까요? 사극에서 자주 나오는 말들을 떠올려 보세요.

"이 서한을 아무에게도 들키지 않고 전달해야 하네."

"장군님! 서신이 도착했습니다."

> 서한, 서신, 엽서의 공통점은 무엇일까요? (　　　)
>
> ① 노래　　　② 편지　　　③ 책　　　④ 만화

맞아요, 모두 편지를 뜻하는 말이에요. 엽서는 우편엽서, 그림엽서 같은 짧은 편지이지요.

편지 중에서 국가 간의 문서 같은 공식적인 편지나, 또는 항의 서한과 같이 격식을 갖춘 편지는 '서한'이라고 해요.

판서한 것에서 문제 낼 테니 공책에 잘 써 두도록.

그냥 프린트해 주시면 좋을 텐데….

판서(板書)는 칠판에 분필로 글을 쓰는 것을 말하죠. 여기서 서(書)는 글 자체가 아니라 실제로 글을 쓰는 행동을 가리켜요.

크, 추사체로 흘려 써 볼까나.

먹이나 더 가시지.

불을 끄고도 글을 썼다는 한석봉, 추사체라는 독특한 서체를 완성시킨 김정희와 같은 서예가들도 글을 쓰는 분들이죠?

글씨를 붓으로 쓰는 예술을 서예(書藝)라고 해요.

서한(書 翰편지 한)

편지 = 서신(書 信편지신)

엽서(葉잎 엽 書)

잎사귀처럼 작은 종이에 쓴 짧은 편지

우편엽서

(郵우편 우 便소식 편 葉書)

우편으로 보낸 엽서

그림엽서(葉書)

그림이 있는 엽서

항의 서한

(抗겨룰 항 議꾀할 의 書翰)

항의를 담은 편지

書　글쓸 서

판서(板널 판 書)

칠판에 글을 쓰는 것

서예가(書藝 家전문가 가)

붓글씨를 전문으로 쓰는 예술가

서예(書 藝재주 예)

글씨를 붓으로 쓰는 예술

書	책 서

도서(圖그림 도 **書**)
책 = 서적(**書** 籍서적 적)

교과서
(敎가르칠 교 科과목 과 **書**)
교과 내용을 담은 책

참고서
(參헤아릴 참 考생각할 고 **書**)
참고할 내용을 담은 책

서점(**書** 店가게 점)
책을 갖추어 놓고 파는 가게

서재(**書** 齋방 재)
책을 갖추어 놓고 책을 읽거나
글을 쓰는 방

서고(**書** 庫창고 고)
책을 보관하는 곳

독서(讀읽을 독 **書**)
책을 읽음

성서(聖성스러울 성 **書**)
성인이 쓴 책 / 기독교의 경전

경서(經경서 경 **書**)
유교의 사상과 교리를 적은 책

사서삼경
(四넉 사 **書** 三석 삼 經글 경)
성현의 가르침을 담은 네 가지
책과 세 가지 경전

책을 흔히 도서 또는 서적이라고 하지요? 도서(圖書)는 그 자체로 책이란 뜻을 가지고 있어요. 우리가 배우는 교과서 그리고 참고로 보는 책인 참고서에 쓰인 것처럼 서(書)는 책이란 뜻으로도 많이 사용되지요. 그래서 책을 갖추어 놓고 파는 곳을 서점(書店)이라고 하죠.

서(書) 자의 뜻을 생각하면서 다음 빈칸을 채워 볼까요?

책을 갖추어 놓고 책을 읽거나 글을 쓰는 방은? ☐재,

책을 보관하는 곳은? ☐고.

우리나라 사람들이 취미란에 제일 많이 적는 게 독서래요. 학교에서도 독서왕을 뽑죠? 독서(讀書)를 통해 우리는 직접 경험하지 못하는 많은 일들을 알 수 있어요.

또 기독교의 성서, 유교의 경서 등을 통해 성현들의 행적과 가르침을 배울 수도 있지요.

🔔 **이런 말도 있어요**

유교의 사서삼경(四書三經)에서 서(書)와 경(經)의 차이는 무엇일까요? '논어, 맹자, 중용, 대학'의 사서(四書)처럼 공자와 맹자의 가르침을 가려 뽑아 묶은 것이 서(書)이고, '시경, 서경, 역경'처럼 유교의 사상과 교리를 적어 놓은 그 밖의 경전은 경(經)이라고 해요.

어떤 생각이나 내용을 글로 직은 것을 문서(文書)라고 하고, 온갖 문서를 통틀어 서류(書類)라고 해요. 이럴 때 서(書)는 문서라는 말이에요.

> 담당자의 실수로 손해가…

> 말로만 하지 말고 □□으로 보고하게.

> 위 그림의 빈칸에 들어갈 알맞은 말은 무엇일까요? (   )
>
> ① 반성   ② 서면   ③ 서예   ④ 사진

정답은 ②번 서면(書面). 내용을 적은 문서를 뜻해요. 문서로 남기면 그냥 말로 하는 것보다 더 정확하게 뜻을 전달할 수 있죠. 또 잘 보관하면 나중에도 쉽게 확인할 수 있다는 이점도 있어요.

학교에서 현장 체험 학습을 갈 때는 신청서를, 다녀와서는 보고서를 내요. 이렇게 문서는 이떤 내용이 남겼느냐에 따라 이름이 달라져요.

서(書)의 뜻을 생각하면서 빈칸을 채워 볼까요?

설명하는 문서는 설명□, 계획이 담긴 문서는 계획□, 증거가 되는 문서는 증□, 의견을 나타내는 문서는 의견□이지요.

書 문서 서

문서(文글월 문 書)
생각이나 내용을 글로 적은 것

서류(書 類무리 류)
온갖 문서를 통틀어 이르는 말

서면(書 面면 면)
글(내용)을 적은 문서

신청서
(申알릴 신 請청할 청 書)
신청하는 문서

보고서
(報알릴 보 告알릴 고 書)
보고하는 문서

설명서
(說말씀 설 明밝힐 명 書)
설명하는 문서

계획서
(計꾀할 계 劃계획할 획 書)
계획이 담긴 문서

증서(證증거 증 書)
증거가 되는 문서

의견서
(意뜻 의 見보일 견 書)
의견을 나타내는 문서

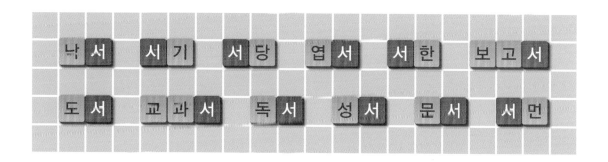

낙서 시기 서당 엽서 서한 보고서
도서 교과서 독서 성서 문서 서면

낙서

서기

서당

서원

서한

서신

엽서

우편엽서

그림엽서

항의 서한

판서

서예가

서예

도서

서적

교과서

① 공통으로 들어갈 한자를 따라 쓰세요.

낙

당 書 재

한 글 서 도

류

② 어떤 낱말에 대한 설명인지 쓰세요.

1) 장난으로 함부로 쓴 글씨나 그림 ➡ ☐☐

2) 글을 기록하고 문서를 관리하는 사람 ➡ ☐☐

3) 작은 종이에 쓴 짧은 편지 ➡ ☐☐

4) 책을 갖추어 놓고 책을 읽거나 글을 쓰는 방 ➡ ☐☐

③ 알맞은 낱말을 찾아 문장을 완성하세요.

1) 가을에는 마음의 양식인 ☐☐를 하는 계절!

2) 체험 학습을 다녀왔으니 ☐☐☐를 제출해 주세요.

3) ☐☐ 개 삼 년에 풍월을 읊는다는데, 너도 이제 풍월을 읊어야 하지 않겠니?

4) 평소 읽고 싶었던 동화책과, 공부에 필요한 참고서를 사러 ☐☐에 갔어.

4 문장에 어울리는 낱말을 골라 ○표 하세요.

1) 도저히 참을 수가 없어서 항의 (서한 / 서원)을 보냈어.

2) 말로만 하지 말고 글로 정리하여 (문서 / 엽서)로 제출해.

5 바른 설명을 하고 있는 친구들의 이름을 골라 빈칸에 차례대로 쓰세요.

> 😎 독 : 서점, 서재의 서(書)는 '책'을 뜻한다.
>
> 😊 서 : 엽서, 서한, 서신은 모두 '편지'를 가리키는 말이다.
>
> 😐 완 : 사서삼경은 농사에 대한 기술을 적어 놓은 글이다.
>
> 🙂 두 : 낙서는 깨끗하게 정리한 글을 말한다.
>
> 😄 왕 : 책 읽는 것을 독서라고 한다.

나는 ☐☐☐ 이다.

6 그림을 보고, 알맞은 낱말을 [보기]에서 찾아 쓰세요.

> **보기**   서점   교과서   서당   서예

1) OO 문고에 오신 것을 호

☐☐

2) 국어 읽기 / 사회

☐☐☐

3)

☐☐

4) 立春

☐☐

| 참고서 |
| 서점 |
| 서재 |
| 서고 |
| 독서 |
| 성서 |
| 경서 |
| 사서삼경 |
| 문서 |
| 서류 |
| 서면 |
| 신청서 |
| 보고서 |
| 설명서 |
| 계획서 |
| 증서 |
| 의견서 |

3대 독자 귀한 몸이라고

그런데 독자가 뭐야?

아빤 3대 독자, 귀한 몸이라고.

할미는 무남독녀.

어이구, 귀한 몸들이시네!

하나밖에 없는 아들은 '홀로 독(獨)'을 써서 독자(獨子)라고 불러요. 그럼 무남독녀(無男獨女)는 누구일까요? 네, 아들 없는 집안의 외동딸을 무남독녀라고 해요.

독학생이라는 말도 있죠. 스승 없이 또는 학교에 다니지 않고 혼자서 공부하는 것은 독학(獨學), 독학을 하는 학생은 독학생이라고 해요. 또 독선생(獨先生)이라는 말도 있어요. 한 집의 아이만을 맡아서 가르치는 선생님을 독선생이라고 하지요.

이렇게 독(獨)은 '혼자', '홀로 한다'를 뜻해요.

독(獨)의 뜻을 생각하며 빈칸을 채워 볼까요?

혼자 쓰는 목욕탕은 □탕,

혼자 쓰는 방은 □방,

혼자 찍은 사진은 □사진,

혼자 받은 밥상은 □상.

獨	홀로 독

■ **독자**(獨 子아들 자)
하나밖에 없는 아들

■ **무남독녀**(無없을 무 男남자 남 獨 女여자 녀)
아들 없는 집안의 외동딸

■ **독학**(獨 學배울 학)
스승 없이 혼자 공부하는 것

■ **독학생**(獨學 生사람 생)
스승 없이 혼자 공부하는 학생

■ **독선생**(獨 先먼저 선 生)
한 집 아이만을 가르치는 선생

■ **독탕**(獨 湯목욕 탕)
혼자 쓰는 목욕탕

■ **독방**(獨 房방 방)
혼자 쓰는 방

■ **독사진**(獨 寫베낄 사 眞참 진)
혼자 찍은 사진

■ **독상**(獨 床상 상)
혼자 먹게 차려 낸 밥상

목욕탕 + 홀로 독(獨) =

독탕

합창   독창

여럿이 함께 노래를 부르면 합창이고, 혼자 부르면 독창(獨唱)이에
요. 악기 연주도 마찬가지이지요. 여러 사람이 여러 악기를 함께 연
주하면 합주이고, 혼자 악기를 연주하면 독주(獨奏)인 것이에요.
또 독주를 위해 지은 곡은 독주곡이지요.

우리나라는 일본에 나라를 빼앗기고 온갖 간섭을 받았던 적이 있었
어요. 이때 우리는 자주독립을 하기 위해 온 힘을 쏟았어요.
남에게 기대지 않고 홀로 서는 것을 독립(獨立)이라고 하고,
자기 힘만으로 독립하는 것을 자주독립(自主獨立)이라고 해요.
일본의 탄압이 강화되자 1897년 독립 협회가 우리나라의 독립을
선언하기 위해 독립문을 세우고, 독립신문을 펴내서 독립하려는 뜻
을 다졌어요. 독립신문은 1896년 창간된 최초의 민간 신문이시요.
또 일제 강점기에는 나라의 독립을 위해 싸우는 독립군을 만들어 일
본과 싸우기도 했지요.
그러한 노력 끝에 1945년, 우리나라는 드디어 완전한 주권을 가지
고 홀로 선 나라, 즉 독립국이 되었어요.

독창(獨 唱노래할 창)
혼자 노래를 부르는 것

독주(獨 奏연주할 주)
한 악기로 혼자 연주하는 것

독주곡(獨 奏 曲악곡 곡)
독주를 위해 지은 곡

독립(獨 立설 립)
남에게 기대지 않고 홀로 섬

자주독립
(自스스로 자 主주인 주 獨立)
자기 힘만으로 독립하는 것

독립문(獨 立 門문 문)
1897년 독립 협회가 우리나라
의 영구 독립을 선언하기 위해
상징적으로 세운 문

독립신문
(獨立 新새 신 聞들을 문)
1896년 창간된 최초의 민간
신문

독립군(獨 立 軍군대 군)
나라의 독립을 위해 싸우는 군대

독립국(獨 立 國나라 국)
완전한 주권을 가지고 독립한
나라

전 □□으로
살겠어옷!

ㅠ.ㅠ

위 그림의 빈칸에 들어갈 가장 적당한 말은 무엇일까요? (   )

① 커플   ② 이혼   ③ 독신   ④ 부부

정답은 ③번독신이겠지요. 독신(獨身)은 형제자매나 배우자가 없
는 사람을 말해요. 결혼하지 않고 혼자 사는 사람을 독신자, 독신으
로 살겠다고 마음먹고 주장하는 것을 독신주의라고 해요.

혼자 사는 것을 독거(獨居)라고 해요. 혼자 사는 외로운 노인은 독
거노인이라고 하고요. 독거노인은 아무도 없는 빈방을 지키고 있겠
지요. 이를 독수공방(獨守空房)이라고 해요. 빈[空] 방[房]을 홀로
[獨] 지키고[守] 있다는 말이지요.

독수공방은 아내가 남편 없이 혼자 지내는 경우에 특히 많이 사용해
요. 혼자 잔다[宿]고 해서, 독숙공방(獨宿空房)이라고도 하지요.

혼자여서 외롭고 쓸쓸한 것을 고독(孤獨)하다고 해요. 외롭고 쓸
쓸한 느낌은 고독감이라고 하지요. 독(獨)은 이렇게 외롭다는 뜻도
있어요.

외롭다는 뜻을 가진 다른 한자로 고(孤)가 있어요. 고아(孤兒)는 부
모가 없는 외로운 아이를 말해요. 고아는 이 세상에 도와주는 이 없
이 혼자 서 있으니, 고립(孤立)되었다고 할 수 있죠. 이런 처지를
고립무원의 상태라고 해요. 즉, 고립되어 아무 도움도 받지 못한다
는 말이죠.

獨 외로울 독

독신(獨 身몸 신)
형제자매나 배우자가 없는 사람

독신자(獨身 者사람 자)
배우자 없이 혼자 사는 사람

독신주의
(獨身 主주될 주 義뜻 의)
독신으로 살겠다고 마음먹고
주장하는 것

독거(獨 居살 거)
혼자 삶

독거노인
(獨居 老늙을 노 人사람 인)
가족 없이 혼자 사는 노인

독수공방(獨 守지킬 수 空빌
공 房방 방)
빈방을 홀로 지키고 있음 / 여
자가 남편 없이 홀로 지냄
= 독숙공방(獨 宿잘 숙 空房)

고독(孤외로울 고 獨)
외롭고 쓸쓸함

고독감(孤獨 感느낄 감)
외롭고 쓸쓸한 느낌

孤 외로울 고

고아(孤 兒아이 아)
부모가 없는 외로운 아이

고립(孤 立설 립)
외롭게 홀로 서 있음

고립무원
(孤立 無없을 무 援도울 원)
고립되어 아무 도움도 받을 수
없음

獨 **독차지할 독**

■ **독(獨)차지**
혼자서 모두 차지하는 것

■ **독점(獨 占** 차지할 점**)**
혼자 다 맡아서 혼자만 이익을 보는 것

■ **독식(獨 食** 먹을 식**)**
이익을 혼자서 다 먹음

■ **독단(獨 斷** 판단 단**)**
의논하지 않고 혼자 판단함

■ **독재(獨 裁** 결정할 재**)**
지배자 한 사람이 정치를 마음대로 하는 것

■ **독재자(獨 裁 者** 사람 자**)**
독재하는 사람

獨 **뛰어날 독**

■ **독보적**
(獨 步 걸을 보 **的** ~하는 적**)**
홀로 뛰어난 것

■ **독창적(獨 創** 만들 창 **的)**
창조하는 능력이 남보다 뛰어난 것

독(獨)차지는 혼자서 모두 차지하는 것을 말해요. 근방에 있는 소금을 한 사람이 사들이면 사람들은 소금을 구하지 못해 안달이 나겠죠? 그때 소금값을 비싸게 받고 팔면 사람들은 울며 겨자 먹기로 소금을 살 수밖에 없어요. 이런 식의 장사를 독점(獨 占)이라고 해요. 독점으로 비싸게 매겨진 가격은 독점 가격이라고 하지요.

또 이렇게 경쟁 없이 혼자 이익을 보는 사업은 독점 사업이라고 해요. 이익을 혼자 다 먹는다 해서 독식(獨 食)이라고도 하지요.

정치에서도 비슷한 일이 벌어지고 있어요. 다른 사람과 의논하지 않고 혼자 판단해 결정하는 것을 독단(獨 斷)이라고 하는데, 독단적인 사람이 큰 힘을 얻으면 독재자가 되기 쉽겠죠?

독재(獨 裁)는 지배자 한 사람이 마음대로 하는 정치를 가리키는 '독재 정치'의 준말이에요. 권력을 자기 마음대로 휘둘러 국민들을 고통에 빠뜨리는 사람은 독재자라고 해요.

독(獨)은 긍정적 의미로도 사용돼요. 어떤 분야에서 남이 따를 수 없을 만큼 홀로 뛰어난 것을 독보적(獨 步 的)이라 하지요. 또 창조하는 능력이 남보다 뛰어난 것은 독창적(獨 創 的)이라 하고요.

독자　독학　독방　독창　독주　독립

독신　독거　독수공방　고독　독재자

홀로 독

독자

무남독녀

독학

독학생

독선생

독탕

독방

독사진

독상

독창

독주

독주곡

독립

자주독립

독립문

독립신문

독립군

독립국

1 공통으로 들어갈 한자를 따라 쓰세요.

학 생	
자	獨	고
립 문	

신

재

홀로 독

2 어떤 낱말에 대한 설명인지 쓰세요.

1) 하나밖에 없는 아들 ➡ ☐☐

2) 스승 없이 혼자 공부하는 것 ➡ ☐☐

3) 나라의 독립을 위해 싸우는 군대 ➡ ☐☐☐

4) 배우자 없이 혼자 사는 사람 ➡ ☐☐☐

3 알맞은 낱말을 찾아 문장을 완성하세요.

1) 그는 나라를 손에 쥐고 ☐☐ 정치를 했어.

2) 우리 민족은 일제로부터 독립하기 위해 ☐☐ 운동을 펼쳤어.

3) 그 곡은 바이올린 혼자 연주를 하기 위해 지은 ☐☐☐이야.

4) 그 죄수는 소란을 일으킨 죄로 혼자 ☐☐에 갇히게 되었어.

4 문장에 어울리는 낱말을 골라 ○표 하세요.

1) 소금을 (독점 / 독주)해서 혼자 이익을 남기는 행동은 비도덕적이야.

2) 이 일은 우리 모두가 노력한 결과야. 너 혼자 (독식 / 독립)하면 안 돼.

3) 나는 여럿이 목욕하는 것이 싫어서 주로 (독탕 / 혼탕)에 가.

5 그림을 보고, 알맞은 낱말과 연결하세요.

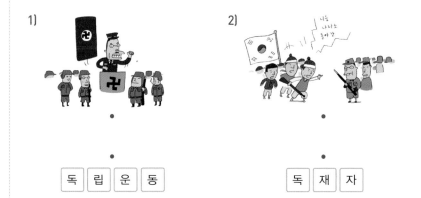

1)

2)

| 독 | 립 | 운 | 동 |

| 독 | 재 | 자 |

6 화살표를 따라가며 글자를 모아 낱말을 쓰세요. → 예 → 아니오

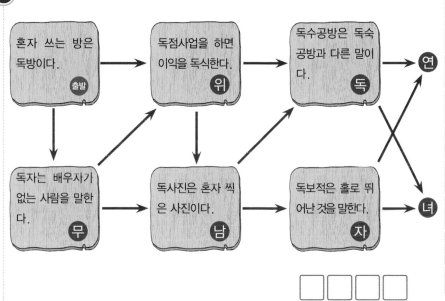

혼자 쓰는 방은 독방이다. 출발

독점사업을 하면 이익을 독식한다. 위

독수공방은 독숙공방과 다른 말이다. 독

독자는 배우자가 없는 사람을 말한다. 무

독사진은 혼자 찍은 사진이다. 남

독보적은 홀로 뛰어난 것을 말한다. 자

연

녀

| | | | |

독신

독신자

독신주의

독거

독기노인

독수공방

독숙공방

고독

고독감

고아

고립

고립무원

독차지

독점

독식

독단

독재

독재자

독보적

독창적

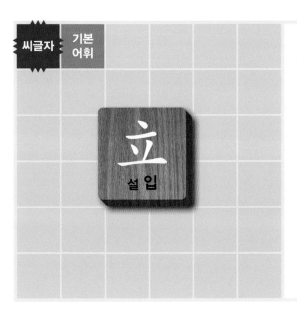

외롭다.

조금만 기다려 먹어 줄게.

홀로 고립된 섬

난 콜라병 몸매 **입체적**이지?

난 드럼통 몸매 **입체적**이긴 마찬가지. ㅋㅋ

한 남자가 고립되어 있네요. 고립(孤立)이란 외롭게 홀로 서 있다는 말이에요. 어떤 이유 때문에 그곳을 벗어날 수 없는 상태를 말하지요. 마치 외톨이처럼 말이에요. 남과 사귀거나 잘 어울리지 못하는 것도 고립이라고 말해요. 이럴 때 입(立)은 '서 있는' 혹은 '서다'라는 뜻이에요.

하하. 드럼통도 굴곡이 있으니 입체적인 몸매인 것은 맞네요. 입체(立體)는 서 있는 몸처럼 부피, 길이, 폭 등을 갖춘 것을 말해요. 그래서 정육면체, 직육면체처럼 평면이 모여 만들어진 도형을 입체 도형이라고 해요. 그리고 입체적으로 짜 놓은 구조는 입체 구조라고 하지요.

상점 앞에 세워져 있는 간판을 본 적이 있지요?
이것을 입간판(立看板)이라고 불러요. 벽에 기대어 놓거나 세워 둔 간판을 말해요. 우리말로는 '세움간판'이라고 하지요.

立	설 입

- **고립**(孤외로울 고 立)
그곳을 벗어날 수 없는 상태 /
남과 어울리지 못하고 외톨이
가 됨
- **입체**(立 體몸 체)
서 있는 몸처럼 부피, 길이, 폭
등을 가지는 물체
- **입체 도형**
(立體 圖그림 도 形모양 형)
부피, 길이, 폭 등을 갖춘 도형
- **입체 구조**
(立體 構얽을 구 造지을 조)
입체적으로 짜 놓은 구조
- **입간판**
(立 看볼 간 板판자 판)
벽에 기대어 놓거나 세워둔 간판

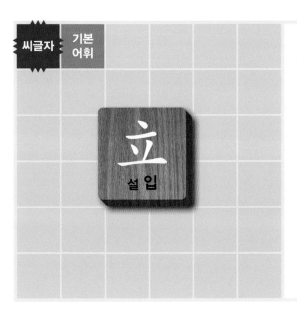

서울 광화문 네거리에 있는 이순신 장군 동상이네요. 동상이 서 있다고 해서 입상(효像)이라고 불러요.

그러면 서서 일하는 부엌을 무엇이라고 할까요? 입식(효式) 부엌이에요. 입식은 서서 일할 수 있게 만들어 놓은 구조예요. 허리를 구부리지 않아도 되니까 일하기 편하겠지요.

반장 선거를 하려고 해요. 누가 필요할까요? 맞아요, 반장이 되고자 하는 후보가 필요해요. '후보가 된다'는 다른 말로 입후보(효候補)하다라고 말해요. 후보로 나선다는 뜻이지요. 그럼 입후보한 사람은 뭐라 할까요? 입후보자라고 해요.

사슴을 숨겨 주면 배고픈 곰은 나무꾼을 잡아먹겠지요. 그렇다고 사슴이 숨은 곳을 말하면 사슴이 먹이가 될 거예요. 나무꾼의 입장이 참 난처하겠네요. 이처럼 처한 상황이나 형편을 입장(효場)이라고 해요. 비슷한 말은 처지예요.

이렇게 입(효)은 '서 있다'라는 말이에요.

'설 입(효)'의 뜻을 생각하면서 빈칸을 채워 볼까요?

회의에 들어가 현장을 지켜보는 것은? ☐회,

어떤 사설이나 주장에 근거를 두어 그 입장에 서는 것은? ☐각,

정원 틈에 서 있는 돌은? ☐석, 서 있는 땅은? ☐지. 입지는 사람이 경제 활동을 하기 위해 선택한 장소예요.

입상(효 像동상 상)
서 있는 모습의 동상

입식(효 式방식 식)
서서 일할 수 있는 방식

입후보
(효 候엿볼 후 補맡길 보)
선거에 후보자로 나섬

입후보자
(효候補 者사람 자)
입후보한 사람

입장(효 場곳 장)
처한 상황이나 형편 ≒ 처지

입회(효 會모임 회)
회의에서 현장을 지켜봄

입각(효 脚다리 각)
어떤 사설이나 주장에 근거를 두어 그 입장에 서는 것

입석(효 石돌 석)
서 있는 돌

입지(효 地땅 지)
사람이 경제 활동을 하기 위하여 선택하는 장소

꽃이 만발인가?

立春大吉

큰개 조심 아닐까?

立 시작할 입

■ **입춘대길**
(立 春봄춘 大클대 吉좋을길)
봄을 맞이하여 길운을 기원하
는 글

■ **입하**(立 夏여름 하)
여름이 시작됨

■ **입추**(立 秋가을 추)
가을이 시작됨

■ **입동**(立 冬겨울 동)
겨울이 시작됨

■ **입국**(立 國나라 국)
나라를 새로 세움

■ **입헌**(立 憲헌법 헌)
헌법을 제정함

■ **입법**(立 法법 법)
법을 새로 만듦

봄이 되면 대문마다 커다랗게 입춘대길이라고 써 붙여요. 무슨 말일까요? 입춘(立春)이란 봄이 시작된다는 뜻이고, 대길(大吉)은 '크게 길하다'라는 말이에요. 새봄이 되면 누구나 좋은 일이 많이 생기기를 바라겠지요. 그 마음을 글귀에 담아 대문에 붙여 놓은 거예요. 행운의 주문 같은 것이지요.

여기서 입(立)은 '일으키다', '시작하다', '세우다'라는 말로 쓰여요. 그 뜻을 생각하면서 빈칸을 채워 볼까요?

여름이 시작되는 것은? ☐하,
가을이 시작되는 것은? ☐추,
겨울이 시작되는 것은? ☐동.

🔔 **입국**

나라를 세운다는 뜻의 입국은 '시작할 입(立)'을 써요.
나라 밖에서 나라 안으로 들어오는 입국(入國)하고는 다른 한자이지요.

🔔 **입지**

뜻을 세워 무엇인가를 시작하는 것을 입지(立 志뜻 지)라고 하지요.

오늘부터 고조선 시작.

고조선

나라를 세우는 것은 입국(立國)이에요. 5천 년 전 단군이 세운 고조선이 오늘의 대한민국까지 이어져 왔지요.

나라가 세워졌으니 새로운 법도 필요하겠지요. 이를 입헌(立憲)이라고 해요. 헌법을 새로 시작한다는 말이지요. 최고의 법인 헌법을 만들었으면 그다음에는 법을 만들어야겠지요. 법을 새로 만드는 것은 입법(立法)이라고 해요.

立 세울 입

- **입신양명**(立세울 입 身몸 신 揚드높일 양 名이름 명)
출세하여 세상에 이름을 널리 떨침
- **입신**(立身)
자신의 지위를 확고히 세움
- **입도선매**(立 稻벼 도 先먼저 선 賣팔 매)
벼를 논에 세워 둔 채 미리 돈을 받고 팖

🔔 **불립 문자**
불립 문자(不아니 불 立 文글월 문 字글자 자)란 문자로 말하지 않고 마음으로 전한다는 뜻으로 이심전심(以心傳心)과 비슷한 말이에요.

괴기 시험에 장원으로 급세한 선비는 말을 타고 고향으로 돌아왔대요. 나라에서 치르는 과거에 1등으로 합격하는 것은 가문의 큰 영광이었어요. 세상에 나가 이름을 크게 떨칠 수 있었기 때문이지요. 출세하여 세상에 이름을 떨친다는 말은 입신양명(立身揚名)이에요. 몸을 세운다는 입신(立身)은 떳떳한 자리를 차지해 자신의 지위를 확고히 세운다는 말이지요.

입도선매(立稻先賣)는 논에 세워져 있는 벼를 미리 판다는 뜻이에요. 벼가 아직 논에 세워져 있다는 말은 추수를 하지 않았음을 뜻해요. 예전에는 가난한 농민이 돈을 구하기 위해 논에서 자라고 있는 벼를 미리 팔기도 했어요.

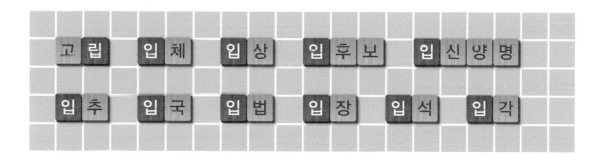

立
설 입

고립

입체

입체 도형

입체 구조

입간판

입상

입식

입후보

입후보자

입장

처지

입회

입각

입석

① 공통으로 들어갈 한자를 따라 쓰세요.

체 | 석 ─ 식 ─ 立 ─ 법 ─ 추 | 장

설 입

② 어떤 낱말에 대한 설명인지 쓰세요.

1) 나라를 세움 ➡ ☐☐

2) 부피, 길이, 폭 등을 갖춘 도형 ➡ ☐☐ 도형

3) 서 있는 모습의 동상 ➡ ☐☐

4) 가을이 시작되는 날 ➡ ☐☐

③ 알맞은 낱말을 찾아 문장을 완성하세요.

1) 나라가 세워졌으니 법을 새로 만드는 ☐☐ 과정이 있어야 해.

2) 사슴을 숨겨 줄 수 없는 나뭇꾼의 ☐☐이 참 난처해.

3) 봄이 되면 대문에 ☐☐ 대길이라고 써 붙이곤 해.

4) 할머니가 서서 일하시도록 부엌을 ☐☐으로 바꾸었어.

4 문장에 어울리는 낱말을 골라 ○표 하세요.

1) 귀성객이 많아 좌석표를 못 구했어. (입석 / 좌석)이라도 타고 갈게.

2) 이제 (입동 / 입추)(이)가 지났으니 가을인 거야.

3) 변호를 하려면 사실에 (입각 / 내각)해야 해.

4) 우리 동네는 (입지 / 입석) 조건이 좋아.

5 그림을 보고, 알맞은 낱말과 연결하세요.

1)

2)

| 입 | 간 | 판 |

| 입 | 후 | 보 | 자 |

6 빈칸에 들어갈 두 글자를 아래에서 골라 ○표 하세요.

세	원	입	안	환	소	수	값
선	경	정	일	설	도	신	인

출세하여 이름을 세상에 떨침 → ☐☐양명

입지

입춘대길

입하

입추

입동

입국(효國)

입헌

입법

입국(入國)

입지

입신양명

입신

입도선매

불립 문자

마음을 합쳐 화목한 가정

화목할 화

둘이 마음을 합쳐 □□하거라.

위 그림은 단군을 낳은 환웅과 웅녀의 결혼 장면이에요. 빈칸에 들어갈 말은 무엇일까요? (   )

① 화목   ② 화장   ③ 이혼   ④ 불화

답은 ① 화목이지요. 화목(和睦)이란 서로 뜻이 맞고 정다운 것을 말해요. 환웅과 웅녀는 서로 마음을 합쳐 사랑했어요. 둘의 결혼으로 세상도 화목해졌지요. 화(和)에는 이렇게 '화목하다'라는 뜻이 있어요. 그런데 요즘에는 한집안 사람끼리도 다투고 미워하기도 하지요. 한집안 안에서 화목하지 못한 것을 가정 불화(家庭不和)라고 해요.

얼굴도 예쁜데 **화색**까지 되니 천사가 따로 없군요.

화창한 봄날이 아니면 결혼하지 않겠어요!!

화(和)에는 '따뜻하다', '순하다'라는 뜻도 있어요. 화창(和暢)은 날씨나 바람이 부드럽고 따뜻하다는 말이지요.

和 **화목할 화**

▪ **화목**(和 睦친할 목)
서로 뜻이 맞고 정다움

▪ **가정 불화**(家집 가 庭집안 정 不아니 불 和)
한집안 안에서 화목하지 못함

和 **따뜻할 화**

▪ **화창**(和 暢화창할 창)
날씨나 바람이 부드럽고 따뜻함

비가 내리니, 분명 화창한 봄날은 아니에요. 그린데도 코끼리 아저씨 눈에는 고래 아가씨 얼굴에 화색이 도는 것처럼 보이나 봐요. 얼굴에 온화한 빛이 감도는 것을 화색(和色)이라고 해요.

온화(溫和)는 따뜻하고 부드러운 상태를 말해요. 마음이 온화해지면 자연스럽게 화목한 분위기가 만들어져요. 이러한 분위기를 화기애애(和氣靄靄)하다고 해요. 온화하고 화목한 기운이 봄날 아지랑이처럼 피어오른다는 말이죠.

땅 이름에도 화(和)가 들어가요.

진라남도에 가면 화순이라는 곳이 있어요. 마을 사람들이 얼마나 온순하면 '온화할 화(和)'에 '순할 순(順)'을 붙여 화순이라고 했을까요? 고려 시대부터 붙여진 이름인데, 이 지방 사람들의 성품을 따라서 이런 이름을 붙였대요.

네덜란드의 한자 이름, 화란(和蘭)에도 화(和)가 들어가요. 네덜란드의 영어 이름이 '홀란드'인데, 이 이름과 소리가 비슷한 한자를 골라 '화란'이라는 이름을 붙였답니다.

和 온화할 화

- **화색(和 色**얼굴빛 색**)**
  얼굴에 온화한 빛이 감도는 것
- **온화(溫**따뜻할 온 **和)**
  따뜻하고 부드러움
- **화기애애(和 氣**기운 기 **靄**피어오를 애 **靄)**
  온화하고 화목한 기운이 피어오름
- **화순(和 順**순할 순**)**
  전라남도에 있는 도시
- **화란(和 蘭**난초 란**)**
  네덜란드(홀란드)의 한자 이름

和 화답할 화

- **부화뇌동(附**붙을 부 **和 雷**우레 뇌 **同**같을 동**)**
  우레 소리에 맞춰 함께 화답함 / 줏대 없이 남을 따라 행동함

도마토는 과일입니다. 여러분은 속고 있습니다!

저, 토마토는 채소가 확실합니다! 저를 뽑아 주세요!

이런, 채소들이 **부화뇌동**하고 있네요. 부화뇌동(附和雷同)이란 우레 소리에 맞춰 함께 화답한다는 뜻으로, 줏대 없이 남이 하는 대로 따라하는 것을 말해요. 이때 화(和)는 '화답하다', '응하다'의 뜻이랍니다.

위 그림 왼쪽의 멋진 지휘자는 모든 것이 조화를 이루고 있지요. 조화(調和)는 모든 것이 잘 어울리는 상태를 뜻해요. 그런데 오른쪽 지휘자는 그렇지 않죠? 지휘자가 팬티 바람이라니, 정말 부조화스럽네요.

여러 개의 음이 조화를 이루는 것은 화음(和音)이라고 해요. 화음이 잘 맞아야만 좋은 음악이 될 수 있어요. 사람도 마찬가지예요. 조화를 잘 이루고 친해지는 능력이 있어야 인간관계가 좋아지겠죠? 그런 능력을 친화력(親和力)이라고 하죠.

친화력이 있다면 어디에서든 잘 적응하고 조화를 이룰 수 있어요. 인간관계뿐 아니라 정치에도 조화가 있어야 해요. 여러 사람이 함께 공공의 이익을 위해 화합해서 다스려 나가는 정치를 공화 정치(共和政治)라고 해요.

그리고 공화 정치가 이루어지는 나라를 공화국이라고 하지요. 이처럼 화(和)는 '조화롭다'라는 뜻도 가지고 있어요.

공화 정치는 국민이 뽑은 대표자의 의사에 따라 나라의 주권이 행사되는 정치예요.

공화 정치의 반대말은 군주 정치예요. 왕이 나라의 모든 걸 결정하는 정치죠.

우리 이제 통일 좀 해야 되지 않겠나?

옳소, 내래 이제 싸우는 것도 지겹구먼!

和 평화로울 화

평화(平평온할 평 和)
전쟁이나 다툼 없이 평온하고 화목함

평화 공존
(平 和 共함께 공 存있을 존)
평화롭게 함께 지냄

평화 통일
(平 和 統합칠 통 一하나 일)
분단된 나라가 평화적으로 하나의 나라가 되는 것

화해(和 解풀 해)
다툼을 멈추고 안 좋은 마음을 풀어 없앰

불화(不아니 불 和)
서로 화합하지 못함

어때요? 남과 북의 병사들이 총을 버리고 어깨동무하며 춤을 추고 있으니 보기 좋지요? 이렇듯 평화(平和)는 전쟁이나 다툼 없이 세상이 화목한 것을 말해요.

나라가 둘로 나뉘어 있는 한반도에 필요한 것도 평화예요. 그런데 이러한 분단 상태로 '평화 공존'이 이루어질 수 있을까요? 아마 불가능할 거예요.

평화 공존(平和共存)은 평화롭게 함께 지내는 것을 말해요. 한반도의 평화를 위해서는 평화 통일을 이루어야 해요.

평화 통일(平和統一)은 화해를 통해 분단된 나라를 하나로 합치는 것을 말해요. 화해(和解)란 다툼을 멈추고 안 좋은 마음을 풀어 없애는 것이지요. 화해는 갈등(葛藤)을 이겨 내는 힘이 있어요.

갈등은 칡과 등나무 덩굴이 뒤얽힌 것처럼, 일이나 사람의 마음이 서로 엉켜서 불화(不和)하는 것을 말하지요.

갈등(葛칡 갈 藤 등나무 등)이란 칡과 등나무처럼 일이나 사람의 마음이 까다롭게 뒤엉키는 걸 말해요.

화목   불화   화색   온화   화음   공화국

평화   화해   부조화   친화력   부화뇌동

씨글자
블록 맞추기

화목할 화

화목

가정 불화

화창

화색

온화

화기애애

화순

화란

부화뇌동

조화

1 공통으로 들어갈 한자를 따라 쓰세요.

```
      목                              조
          해   和   음
      온           공   국
          화목할 화
```

2 어떤 낱말에 대한 설명인지 쓰세요.

1) 따뜻하고 부드러운 상태 → ☐☐

2) 온화하고 화목한 기운이 피어오름 → ☐☐☐☐

3) 네덜란드의 한자 이름 → ☐☐

4) 여러 음이 서로 조화를 이룸 → ☐☐

3 알맞은 낱말을 찾아 문장을 완성하세요.

1) 남과 북이 하나 되어 체전을 벌이고 있으니 참 ☐☐롭구나.

2) 너는 ☐☐력이 좋아서 친구를 잘 사귀는구나.

3) 우리 가족은 성품이 좋아서 한번도 ☐☐나 마찰이 없었어.

4) 여럿이 노래를 할 때는 ☐☐이 잘 맞아야 해.

4 문장에 어울리는 낱말을 골라 ○표 하세요.

1) 배경과 인물이 (조화 / 불화)를 이루도록 꾸며야 해.

2) 친구와 다툰 후에는 빠른 시간 내에 (부화 / 화해)해야 해.

3) 공화 정치를 하는 나라를 (공화국 / 군주국)이라고 해.

5 설명을 읽고, 알맞은 낱말을 연결하세요.

1) 서로 뜻이 맞고 정다움 • • 화창

2) 한집안에서 화목하지 못함 • • 가정 불화

3) 날씨나 바람이 부드럽고 따뜻함 • • 화목

4) 얼굴에 온화한 빛이 감도는 것 • • 화색

6 글자판에서 필요한 글자를 골라 그림과 어울리는 사자성어를 만드세요.

| 부 | 갈 | 화 | 등 | 황 | 이 | 뇌 | 저 | 강 | 동 |

| | | | |

부조화

화음

친화력

공화 정치

공화국

군주 정치

평화

평화 공존

평화 통일

화해

불화

갈등

씨글자 | 기본 어휘

청소 당번 좀 바꿔 줘

當
마땅할 당

너 다음 주에 청소 (1)□□이지? 나랑 바꾸자.

시… 싫은데 그날은 원래 내가 하는 날이니 내가 하는 게 (2)□□해.

너 자꾸 그러면 선생님한테 혼난다.

위 그림의 빈칸 (1)과 (2)에 들어갈 낱말은 뭘까요? (   )

① 당번 - 정숙   ② 당번 - 당연   ③ 당연 - 당번

정답은 ②번이에요. 당번(當番)은 마땅히 해야 할 순서란 뜻이고, 당연(當然)은 마땅히 그러하다는 말이에요.

당(當)은 원래 '이 밭과 저 밭이 딱 들어맞는다'라는 말이에요. 이것과 저것, 생각과 실제가 맞아떨어지는 것이지요. 그래서 당(當)은 '마땅하다', '합당하다'라는 뜻을 나타내요.

우리가 사귀는 걸 쟤들이 알면… **당혹**스러울 거야.

걱정 마. 다른 애들한테 비밀로 해 달라고 **당부**해 뒀어.

친구 사귀는 것을 다른 친구들에게는 비밀로 하고 싶은 때가 있지요? 당부(當付)는 마땅히 무엇을 해 달라고 부탁한다는 말이에요.

당혹(當惑)은 갑작스러운 일을 당하여 마음이 어지럽다는 말이에요. 이때 당(當)은 '당하다'란 뜻이죠.

當 **마땅할 당**

▶ **당번**(當 番차례 번)
마땅히 해야 할 순서

▶ **당연**(當 然그럴 연)
마땅히 그러함

▶ **당부**(當 付부탁할 부)
마땅히 무엇을 해 달라고 부탁함

當 **당할 당**

▶ **당혹**(當 惑어지러울 혹)
갑작스러운 일을 당해 마음이 어지러움

🔔 **감당**
감당(堪맡을 감 當)은 일 따위를 맡아서 당해 내는 것을 말해요. 어떤 일을 맡아서 할 수 있다는 뜻이지요.

'정당'의 뜻은 뭘까요? (　　)

① 바르고 마땅함
② 산만하고 부주의함
③ 부족함
④ 영리하고 똑똑함

정답은 ①번. 정당(正當)한 권리는 마땅히 누릴 만한 권리를 말하죠.

그림의 빈칸에 들어갈 알맞은 낱말은 뭘까요? (　　)

① 충당　　　② 합당　　　③ 감당　　　④ 타당

정답은 ①번 충당. 충당(充當)은 알맞게 채워 넣는다는 말이에요. 모자라는 사람이나 돈, 자원 따위를 꼭 필요한 만큼 채워 넣을 때 쓰는 말이지요.

그럼 타당(妥當)은 무슨 말일까요? 타(妥)는 온당하다, 당(當)은 마땅하나도, 둘 다 '옳다'라는 뜻을 가지고 있어요. 그러니까 '타당'은 무엇이 낮다, 옳다는 말이에요. '누구누구의 의견이 타당하다', '그 사람의 논리가 타당하다'와 같이 쓸 수 있지요.

가당(可當)도 그렇답니다. '가당하다'는 사리에 맞다, 옳다는 말이에요. 반대로 도무지 사리에 맞지 않는 것은 '가당하지 않다'를 줄여 가당찮다라고 해요.

當 마땅할
맞을 당

▶ 정당(正바를 정 當)
바르고 마땅함

▶ 충당(充채울 충 當)
모자라는 것을 알맞게 채워 넣음

▶ 타당(妥온당할 타 當)
마땅함, 옳음

▶ 가당(可가히 가 當)
마땅히 사리에 맞음

▶ 가당(可當)찮다
가당하지 않음 / 사리에 맞지 않음

🔔 당백전
조선 말에 흥선 대원군이 경복궁을 다시 짓기 위해 만든 화폐예요. 상평통보의 100배의 가치를 마땅히 지닌다는 뜻에서 당백전(當 百일백 백 錢돈 전)이라고 했지요.

당백전

당(當)은 마땅하고 합당하다는 말이죠? 그런데 어떤 일이건 합당하고 마땅하면, 하는 일마다 알맞고 적당하겠죠. 어긋난 데 없이 딱 들어맞을 테고요. 그래서 당(當)에는 '알맞다', '들어맞다'란 뜻도 있어요.

음식의 양이 알맞으면 '적당히' 먹었다고 하지요. 알맞은 양은 '적당량'이라고 하고요. 이렇게 적당(適當)이란 정도에 맞는 것, 적당량은 쓰임에 알맞은 양을 가리켜요.

반마다 그 반을 '담당'하는 선생님들이 있지요? 회사나 정부 기관 등에는 교육을 담당하는 부서와 '담당자'들이 있고요. 담당(擔當)이란 어떤 일을 맡기에 알맞다는 말이고, 담당자는 그 일을 맡아서 하는 사람을 가리키는 말이에요.

철수는 반장에 자신이 없나 봐요. 친구들은 철수가 반장에 당선될 자격이 충분하다고 믿고 있는데 말이죠. 당선(當選)이란 알맞게 뽑히는 것을 말하죠. 당선된 사람은 당선자고요. 당첨(當籤)이란 제비뽑기에서 뽑히는 것을 말해요.

또 해당(該當)은 바로 그것에 딱 들어맞는다는 말이에요.

1, 2, 3 가운데 짝수에 '해당'하는 수는 2이지요.

當 알맞을 당

- **적당**(適맞을 적 當)
  정도에 알맞음
- **적당량**(適當 量양 량)
  쓰임에 알맞은 양
- **담당**(擔맡을 담 當)
  어떤 일을 맡기에 알맞음
- **담당자**(擔當 者사람 자)
  담당하는 사람
- **당선**(當 選뽑을 선)
  알맞게 뽑힘
- **당선자**(當選者)
  알맞게 뽑힌 사람
- **당첨**(當 籤제비 첨)
  제비뽑기에서 뽑힘
- **해당**(該그 해 當)
  바로 그것에 들어맞음

🔔 5명이 사과 10개를 나눠 먹으려면 어떻게 해야 하나요? 한 사람'당' 2개씩 먹으면 되지요? 이렇듯 당(當)에는 '~마다'라는 뜻도 있답니다.
예) 1인당, 2분당, 3당, 마을당, ….

'당장'은 어떤 뜻일까요? (   )

① 바로 그 자리에서 곧
② 당연한 일
③ 오해로 인한 갈등
④ 애를 씀

정답은 ①번이에요. 마땅하면 알맞고, 알맞으면… 어떤가요? 딱 알맞으니, 찾거나 기다리던 '바로 그것'이겠지요? 그래서 당(當)에는 '바로 그'라는 뜻도 있어요.

당시(當時)는 일이 있었던 '바로 그때'라는 뜻이에요. 할아버지가 부자였던 때를 회상하고 있어요. 당일(當日)은 '바로 그날'이에요.

당일치기 잘 알지요? 숙제나 시험공부를 당일치기로 하는 것. 다들 많이 해 봤을 거예요. 당일치기는 일이 있는 바로 그날 하루에 서둘러 해 버리는 거예요.

당대는 일이 있었던 '바로 그 시대'란 뜻이에요. 우리나라 최초의 세계 지도를 보면 우리나라가 실제보다 몇 배 더 크게 그려져 있어요. 이럴 때 "지도에 당대의 세계관이 드러나 있다."라고 말하죠.

當 바로 그 당

당장(當 場장소 장)
바로 그 자리에서 곧

당시(當 時때 시)
바로 그때

당일(當 日날 일)
바로 그날

당일(當日)**치기**
일이 있는 바로 그날 하루에 서둘러 해 버림

당대(當 代시대 대)
바로 그 시대

🔔 **당신**
대화하는 자리에 안 계신 어른을 높여 부르는 말로 당신(當 身몸 신)이 있어요. '바로 그분'이라는 말이지요. 그런데 눈앞에 있는 상대방을 가리켜 '당신'이라고 하면 요즘에는 낮춤말로 여기니까 조심해서 써야 해요.

🔔 **당년**
일이 있는 바로 그해는 당년(當 年해 년)이라고 해요. '올해'를 가리키는 말로도 쓰이지요.

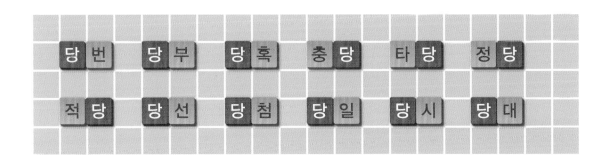

당번	당부	당혹	충당	타당	정당
적당	당선	당첨	당일	당시	당대

당번

당연

당부

당혹

감당

정당

충당

타당

가당

가당찮다

당백전

1 공통으로 들어갈 한자를 따라 쓰세요.

번

부 | 當 | 타

충

정

선

마땅할 당

2 어떤 낱말에 대한 설명인지 쓰세요.

1) 어떤 일을 마땅히 책임지는 차례 ➡ ☐☐

2) 마땅히 무엇을 해 달라고 부탁함 ➡ ☐☐

3) 바르고 마땅함 ➡ ☐☐

4) 정도에 알맞음 ➡ ☐☐

3 알맞은 낱말을 찾아 문장을 완성하세요.

1) 갑작스럽게 그런 말을 들으니 몹시 ☐☐스러워.

2) 내가 고모한테 받은 선물이니까 내가 입는 것이 ☐☐해.

3) 쟤는 내 동생이지만 정말 ☐☐하기 힘들어.

4) 내가 일한 것에 대한 대가를 요구하는 것은 ☐☐해.

4 문장에 어울리는 낱말을 골라 ○표 하세요.

1) 도무지 사리에 맞지 않는 그런 (가당 / 타당)치 않은 말을 해.

2) 요리를 할 때 조미료는 (적당 / 타당)량을 넣어야 해.

3) 시험공부를 전날 (당대 / 당일)치기로 하면 안 돼.

4) 이번 선거에서 뽑힌 (당선 / 당번)자가 인사를 왔어.

5 설명을 읽고, 알맞은 낱말을 연결하세요.

1) 마땅히 그러함 ● ● 충당

2) 모자라는 것을 알맞게 채워 넣음 ● ● 당연

3) 쓰임에 맞는 알맞은 양 ● ● 당첨

4) 제비뽑기에서 뽑힘 ● ● 적당량

6 빈칸에 들어갈 알맞은 낱말을 [보기]에서 찾아 쓰세요.

보기	당장	당대	당일	당시

1) 나무에는 왜 올라간 거야. ☐☐ 내려오지 못해?

2) 할아버지는 6·25 전쟁 ☐☐ 를 떠올리며 눈물 지으셨어.

3) 금요일 아침에 출발해서 ☐☐ 저녁에 바로 올라올 거야.

4) 그는 ☐☐ 최고의 화가였어.

적당

적당량

담당

담당자

당선

당선자

당첨

해당

당장

당시

당일

당일치기

당대

당신

당년

에너지가 필요해!

에 너 지

> 삼촌, 휴게소 좀 들러요. 배고파서 아무것도 못하겠어요.

> 차도 에너지가 필요하구나. 기름도 떨어져 가네.

우리는 밥을 먹어 에너지를 보충하고, 자동차는 기름을 넣어 에너지를 보충해요. 이렇듯 에너지(energy)는 사람이 활동할 수 있는 힘, 물체가 가지고 있는 일을 할 수 있는 능력을 말해요. 즉, 에너지는 힘이고 능력이에요.

밥과 기름 외에도 에너지를 갖고 있는 것들은 아주 많아요. 에너지의 종류도 참 많지요.

그럼 이제부터 에너지와 관련된 낱말을 알아볼게요.

에너지를 나타내는 다양한 낱말

에너지도 형태에 따라 종류와 이름이 달라져요.

전구의 불을 켜는 전기 에너지는 전기가 흐를 때 생겨요. 쌀이 밥이 되게하는 열에너지는 물체의 온도를 높이면 생기지요.

높은 곳에 있는 물체가 가지는 위치 에너지, 풍차를 돌리는 운동 에너지는 물체가 운동을 하면 생겨요.

밥을 먹고 소화되면서 화학 변화를 일으키는 화학 에너지는 화학 변화에 의해 다른 에너지로 바뀌면서 만들어져요.

늘어난 고무줄을 원래 모양대로 되돌리려는 힘인 탄성 에너지는 탄성이 있는 물체에 저장된 에너지이지요.

에너지
energy

인간 활동의 근원이 되는 힘.
물체가 일을 할 수 있는 능력

■ **전기**(電전기전 氣기운기) **에너지**
전기가 흐를 때 생기는 에너지

■ **열**(熱더울 열)**에너지**
물체의 온도를 높이면 생기는 에너지

■ **위치**(位자리 위 置둘치) **에너지**
어떤 위치에 있는 물체가 가지는 에너지

■ **운동**(運움직일 운 動움직일 동) **에너지**
운동을 하면 생기는 에너지

■ **화학**(化될화 學배울 학) **에너지**
화학 변화에 의해 다른 에너지로 전환시킬 수 있는 에너지

■ **탄성**(彈탄알탄 性성품성) **에너지**
탄성이 있는 물체가 가지고 있는 에너지

다양하게 변하는 에너지

에너지는 새로 만들어지거나 없어지는 것이 아니고, 다만 그 형태가 옮겨져 바뀔 뿐이에요. 이를 에너지 전환이라고 해요.

태양의 빛 에너지가 식물을 키워 화학 에너지로 저장되

고, 그 화학 에너지를 섭취한 우리에게는 운동 에너지가 생겨서 활동을 할 수 있게 돼요. 또 수력 발전소는 물의 위치 에너지를 이용한 것이에요. 물이 높은 곳에서 떨어지면서 생긴 운동 에너지로 발전기를 돌려 전기 에너지로 전환시키는 것이지요.

에너지가 다른 에너지로 전환될 때, 에너지의 전체량은 항상 일정해요. 이를 에너지 보존 법칙이라고 해요.

에너지 자원은 석탄, 석유, 천연가스, 태양과 같이 에너지의 근원이 되는 물질을 말해요.

특히 석탄, 석유, 천연가스는 화석 연료고, 화석 연료를 이용한 에너지는 화석 에너지예요. 하지만 이들은 곧 고갈될 거예요. 조만간 화석 에너지를 대체할 수 있는 에너지가 필요하겠죠?

이를 대체 에너지라고 해요. 태양의 열을 이용해서 전기를 만드는 태양력 발전, 풍차의 회전으로 생긴 운동 에너지를 이용한 풍력 발전 등이 대체 에너지예요.

에너지 전환(轉구를 전 換바꿀 환)
에너지의 형태가 바뀌는 것

빛 에너지
빛이 갖는 에너지

에너지 보존 법칙(保지킬 보 存있을 존 法법법 則법칙)
에너지가 다른 에너지로 전환될 때, 에너지 전체량은 항상 일정하다는 법칙

에너지자원(資재물자 源근원원)
석유·천연가스·석탄 등 에너지로 이용할 수 있는 자원

화석 연료
(化될 화 石돌 석 燃탈 연 料재료료)
석탄·석유·천연가스 같은 자원을 이용하는 연료

화석 에너지
석탄·석유·천연가스 등을 이용하는 에너지

고갈(枯마를 고 渴목마를 갈)
말라서 없어짐

대체(代대신할 대 替교체할 체)
에너지
석유나 천연가스 등의 화석 연료를 대신해서 사용할 수 있는 에너지

빛 에너지　전기 에너지　운동 에너지

열 에너지　화학 에너지　위치 에너지

자전과 공전을 하는 우리 지구

공 자 전

자전과 공전은 어지러워.

지구는 하루도 쉬지 않고, 매일 한 바퀴씩 빙글빙글 돌아요. 만약 지구가 하루라도 쉰다면 낮과 밤이 없어지고, 종일 밤이거나 종일 낮이 돼 버리고 말 거예요.

이처럼 지구가 혼자 스스로 도는 것을 자전이라고 해요.

또 지구는 혼자만 돌지 않고 무리를 지어 태양 주위를 크게 돌기도 해요. 이를 공전이라 하지요.

지구의 자전과 공전으로 어떤 일이 벌어지는지 알아볼까요?

지구는 돌고 도네, 구를 전(轉)

회전, 자전, 공전에서 전은 '구르다, 돌다'는 뜻의 '구를 전(轉)' 자를 써요.

바퀴가 구르다 보면 장소를 이동하게 되지요? 그래서 전(轉) 자가 나오면 장소를 옮긴다는 의미를 갖게 돼요.

지구는 공처럼 둥근 모양이에요. 세계의 모든 사람이 살 수 있을 만큼 엄청나게 크죠. 이렇게 큰 지구가 하루에 한 바퀴씩 돌고 있어요. 마치 팽이가 돌듯이 말이에요. 팽이는 자신의 중심축을 중심으로 돌아요. 지구도 북극과 남극을 잇는 중심축을 기준으로 돌고 있

自	轉
스스로 자	구를 전

지구가 중심축 주위를 스스로 주기적으로 도는 것

■ **공전**(公공변공 轉)
지구가 다른 행성과 무리를 지어 태양 주위를 크게 도는 것

■ **북극**(北북녘 북 極다할극)
지구 중심축의 북쪽 끝 지역

■ **남극**(南남녘 남 極)
지구 중심축의 남쪽 끝 지역

■ **자전축**(自轉 軸굴대 축)
지구의 남극과 북극을 수직으로 연결한 축으로 회전할 때 중심이 되는 축

■ **주기**(週돌주 週 期기간 기)
무언가 한 번 도는 데 걸리는 시간

어요. 이 축을 자전축이라고 해요.

무언가 한 번 도는 데 걸리는 시간은 주기라고 해요. 지구의 자전 주기는 24시간이고 지구의 공전 주기는 1년이에요.

지구가 한 바퀴 자전하면 하루가 가고, 또 지구가 태양 주위를 한 바퀴 돌면 1년이 가요.

우리가 잠들어 있는 시간에도 지구는 빙글빙글 돌고 있어요.

계절이 바뀌는 이유

지구가 태양 둘레를 공전한다고 무조건 계절이 생길까요? 크리스마스에 눈이 한번도 내리지 않은 나라도 있대요.

바로 적도와 남반구에 위치한 나라들이에요. 지구의 자전축이

갸우뚱 기울어진 채로 태양 주위를 공전하기 때문에, 태양이 지구에 닿는 각도가 달라지고, 기온도 달라져서 계절도 생기는 거예요. 즉 태양의 빛을 똑바로 받는 곳은 기온이 올라가 여름이 되고, 그렇지 않은 곳은 기온이 낮아져 겨울이 되는 거예요. 태양이 지표면과 이루는 각도를 태양의 고도라고 하는데, 태양이 정남의 위치에 왔을 때 고도가 가장 높고, 그림자의 길이는 가장 짧아져요.

남쪽에 있을 때의 고도라 하여 남중 고도라 하지요.

태양의 남중 고도는 여름의 절기인 하지에 가장 높고, 겨울의 절기인 동지에 가장 낮아요.

■ **적도**(赤붉을적 道길도)
위도의 기준이 되는 선

■ **남반구**
(南 半반반 球공구)
적도를 중심으로 지구를 반으로 나눌 때 남쪽의 부분

■ **고도**(高높을고 度정도도)
지평면과 태양이 이루는 각

■ **남중 고도**
(南 中가운데중 高度)
천체가 정남(正南)의 위치에 왔을 때의 태양의 고도

■ **하지**(夏여름하 至이를지)
북반구에서 태양의 고도기 가장 높고, 낮의 길이가 긴 여름 절기

■ **동지**(冬겨울동 至)
북반구에서 태양의 고도가 가장 낮고, 밤의 길이가 긴 겨울 절기

씨낱말 블록 맞추기

에 너 지

1 공통으로 들어갈 낱말을 쓰세요.

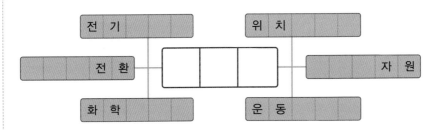

에너지

전기 에너지

열에너지

위치 에너지

운동 에너지

화학 에너지

탄성 에너지

에너지 전환

빛 에너지

에너지 보존 법칙

에너지 자원

화석 연료

화석 에너지

고갈

대체 에너지

2 주어진 낱말을 넣어 문장을 완성하세요.

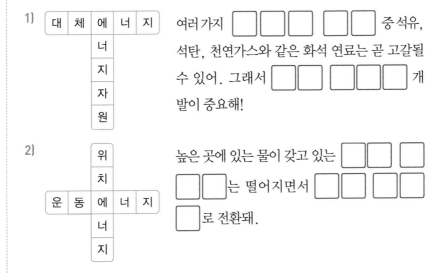

1) 대 체 에 너 지 / 너 / 지 / 자 / 원

여러 가지 ☐☐☐☐☐ 중 석유, 석탄, 천연가스와 같은 화석 연료는 곧 고갈될 수 있어. 그래서 ☐☐ ☐☐☐ 개발이 중요해!

2) 위 / 치 / 운 동 에 너 지 / 너 / 지

높은 곳에 있는 물이 갖고 있는 ☐☐☐ ☐☐는 떨어지면서 ☐☐☐☐ ☐로 전환돼.

3 문장에 어울리는 낱말을 골라 ○표 하세요.

1) 밥이 가지고 있는 화학 에너지가 몸에 흡수되어 걷거나 뛸 수 있는 (위치 에너지 / 운동 에너지)로 전환돼.

2) 석유, 석탄, 천연가스, 태양 등 에너지로 이용할 수 있는 자원을 (빛 에너지 / 에너지 자원)이라고 해.

3) 한 에너지가 다른 종류의 에너지로 전환될 때, 에너지 전체량이 항상 일정한 것을 (에너지 전환 / 에너지 보존) 법칙이라고 해.

씨낱말
블록 맞추기

① **설명을 보고, 알맞은 낱말을 쓰세요.**

1) 지구가 혼자 스스로 도는 것 → ☐☐

2) 지구가 다른 행성과 무리를 지어
   태양 주위를 크게 도는 것 → ☐☐

② **주어진 낱말을 넣어 문장을 완성하세요.**

1)

		고
남	중	고	도

태양과 지표면이 이루는 각도를 ☐☐ ,
태양이 정남의 위치에 왔을 때의 고도를 ☐☐
☐☐ 라고 해.

2)

	공		
자	전	주	기
	주		
	기		

지구의 ☐☐ ☐☐ 는 하루 24시간,
☐☐ ☐☐ 는 1년이야.

③ **문장에 어울리는 낱말을 골라 ○표 하세요.**

1) 지구의 (자전 / 공전) 주기는 1년이야.

2) 지구의 남극과 북극을 이어 주는 축은 (자전축 / 회전축)이야.

④ **예문에 어울리는 낱말을 쓰세요. [과학]**

지구는 하루에 한 바퀴씩 스스로 회전을 하는 ☐☐ 을 하고, ☐
☐ 방향은 서쪽에서 동쪽이다. 지구가 ☐☐ 을 하면 태양이 지
구를 비추는 부분과 태양이 비추지 않는 반대편이 생긴다. 태양이 비추는
쪽은 낮, 태양이 비추지 않는 쪽은 밤이 된다.

자전
공전
북극
남극
자전축
주기
적도
남반구
고도
남중 고도
하지
동지

국가는 국민을 보호해

2002년 월드컵 때는 온 국민이 대한민국을 응원했어요. 우리가 대한민국을 응원한 이유는 무엇일까요? 대한민국이라는 나라에 사는 국민이기 때문이에요. 나라를 국가라고 해요. 국가는 일정한 영토와 거기에 사는 국민으로 구성되지요.

국(國)은 '나라'를 뜻해요. '나라 국(國)'이 들어간 낱말을 통해 국가에 대해 알아봐요.

나라와 관련된 말, 나라 국(國)

대한민국은 국민이 주인이고, 모두 함께 나라를 다스려요. 즉, 대한민국은 민주 공화국이에요. 주권이 국민에게 있으며 국민이 뽑은 대표에 의해 운영되는 나라를 민주 공화국이라고 하지요.

주권이 있어야 국가라고 할 수 있어요. 주권은 주요한 권리로 국가의 뜻을 국민이 결정하는 권력이지요. 반대로 주권이 군주에게 있는 국가를 군주국이라고 해요.

국가는 하나의 통치 조직을 가지고 있지만 국가 연합은 독립된 각국가가 어떤 목적을 이루기 위해 관계를 맺는 것을 말해요. 반면 연합국은 어떤 공통의 목적을 위해 연합한 국가들로 국가 연합과는 달

國 나라 국	家 집 가

나라의 공식적인 호칭

■ **영토**(領거느릴 영 土흙 토)
한 나라의 통치권이 미치는 구역

■ **국민**(國 民백성 민)

■ **민주 공화국**(民 主주인 주 共함께 공 和화할 화 國)
주권이 국민에게 있고 국민이 뽑은 대표에 의해 운영되는 나라

■ **주권**(主 權권리 권)
국가의 의사를 결정하는 권력

■ **군주국**(君임금 군 主國)
주권이 군주에게 있는 나라

■ **국가 연합**
(國家 聯이을 련 合합할 합)
독립된 각 국가가 어떤 목적을 이루기 위해 관계를 맺는 것

■ **연합국**(聯 合 國)
공통의 목적을 위해 연합한 국가

라요. 제2차 세계 대전 때 유럽의 국가들은 연합국을 결성했지요.

국가가 무엇을 중요시 여기느냐에 따라 야경 국가, 복지 국가 등으로 구분하기도 해요. 야경 국가는 국가가 야경꾼처럼 국방과 외교, 치안 등의 질서 유지 임무만 맡아야 한다고 생각했던 국가관이에요. 하지만 현대에는 국가가 적극적으로 국민의 행복을 도우려는 복지 국가를 목표로 삼는 국가가 많아요.

국가의 경제나 문화 수준 등을 기준으로 선진국과 후진국으로 나누기도 해요. 복지 시설, 민주화 정도와 국가 경쟁력 등으로 판단을 하지만 대표적인 기준은 1인당 국민 소득이에요. 1인당 국민 소득은 국민 총생산을 국민 수로 나눈 것이지요.

국민이라면 지켜야 할 의무

국가는 국민을 보호하는 것이 임무이듯, 국민도 해야 할 의무가 있어요.

국민은 교육을 받고, 또 직업을 가져 일을 해야 해요. 이로 인해 소득이 발생하면 세금을 내야지요. 이를 교육, 근로, 납세의 의무라고 해요.

그리고 군대에 가서 나라를 지켜야 하는 국방의 의무가 있어요. 이를 국민의 4대 의무라고 해요.

국민이 행복하기 위해서 최소한의 생계를 이어 가야 해요. 이런 조건을 보장하기 위해 우리나라는 국민 기초 생활 보장 제도를 마련하고 있어요.

야경 국가

(夜밤야 警경계할경 國家)

질서 유지 임무만 맡고 있는 국가

복지 국가

(福복복 祉복지 國家)

국민의 행복을 도우려는 국가

선진국(先먼저선 進나아갈진 國)

후진국(後뒤후 進國)

국가 경쟁력(國家 競다툴경 爭다툴쟁 力힘력)

국민의 생활 수준을 향상시킬 수 있는 국가의 능력

국민 소득

(國民 所바소 得얻을득)

한 나라의 국민이 벌어들인 소득

국민 총생산(國民 總다 총 生낳을생 産낳을산)

한 나라에서 벌어들인 소득을 시장 가격으로 평가한 총액

임무(任맡길임 務일무)

맡겨진 일

의무(義옳을의 務)

마땅히 해야할 일

국민 기초 생활 보장 제도

(保자질보 障막을장 制만들제 度법도)

국가가 국민의 기초 생활을 보장해 주는 제도

우리나라는 수십 년 사이에 엄청난 변화를 겪었어요. 그런데 급속도로 경제가 발전하고 사회가 변화하다 보니 여러 가지 문제점도 생겨나기 시작했어요.

이렇게 한 사회의 질서나 모습, 사람들의 생각이나 생활 방식이 변해 가는 것을 사회 변동이라고 하고, 사회 변동으로 생겨나는 문제점을 사회 문제라고 해요.

도시가 발달하면서 생기는 문제들

1960년대의 우리나라에서는 도시에 공장이 많이 세워지면서 촌락에서 농사를 짓던 사람들이 일자리를 찾아 도시로 모여들었어요. 이렇게 많은 사람들이 한꺼번에 움직이는 것을 인구 이동이라고 해요. 도시가 발달하자 그에 따른 많은 도시 문제들도 생겨났어요.

매연과 생활 하수 때문에 생기는 환경 문제, 쓰레기가 많아지는 쓰레기 문제, 자동차가 많아지면서 생기는 교통 문제, 사람 수에 비해 부족한 집 때문에 생기는 주택 문제 등이 바로 그것이지요.

또 도시는 점점 발전하는데 촌락은 그렇지 않아서 생기는 문제도 있어요. 도시는 교통이 편리하고 문화 생활을 할 환경도 많이 갖추어

社會問題
모일 모일 물음 물음
사 회 문 제
사회 변동으로 생겨나는 모든 문제

■ **사회 변동**
(社會 變변할변 動움직일동)
한 사회의 질서나 모습, 사람들의
생각이나 생활 방식이 변해 감

■ **인구 이동**(人사람 인 口입구
移옮길이 動)
많은 사람들이 한꺼번에 움직임

■ **도시 문제**
(都도읍도 市도시시 問題)
도시의 발달로 생겨나는 문제

■ **환경 문제**
(環주위환 境지경경 問題)

■ **쓰레기 문제**(問題)

■ **교통 문제**
(交오고갈교 通통할통 問題)

■ **주택 문제**
(住살주 宅집택 問題)

져 있지만 시골은 그렇지 않죠? 이런 것이 바로 지역 불균형이에요.

지역 불균형이 심해지면 지역 격차로 이어져요.

지역 격차는 교통, 경제 등의 지역 불균형으로 지역 간의 차이가 커지는 것을 말해요.

지역 격차가 커지면 자신이 살고 있는 지역만 생각하는 지역 이기주의 현상이나 지역 간의 다툼이 생기는 지역 갈등이 생기기도 해요.

우리가 해결해야 할 여러 문제

그 밖에도 우리 사회가 해결해야 할 사회 문제들이 많이 있어요. 경제가 발전함에 따라 빈부 격차 문제가 생겼어요. 빈부 격차는 가난한 사람과 부자인 사람 간에 큰 차이가 생기는 것을 말해요. 부자인 사람은 점점 더 부자가 되고, 가난한 사람은 점점 더 가난해지는 현상은 빈익빈 부익부 현상이라고 해요.

또 지금은 예전에 비해서 여러 가지 기술과 의학이 발전했어요. 그 덕분에 사람들은 옛날보다 훨씬 오래 살게 되었지요. 그래서 우리 사회의 인구 중 노인 인구가 차지하는 비율이 계속 높아지고 있

나라는 살기 좋아졌는데 우린 왜 계속 가난하지?

어요. 이것을 인구 고령화 현상이라고 해요. 이렇게 노인 인구가 많아지면서 노인과 관련된 여러 가지 노인 문제도 많아지고 있어요.

지역 불균형(地지역지 域지역역 不아니불 均고를균 衡평평할형)
지역이 고르게 발전하지 못해서 지역 간에 불균형이 생기는 것

지역 격차
(地域 隔벌어질격 差차이차)
심한 지역 불균형으로 지역 간의 차이가 커지는 것

지역 이기주의 현상(地域 利이로울이 己자기기 主주될주 義뜻의 現지금현 狀형상상)
자신이 사는 지역만 생각함

지역 갈등
(地域 葛칡갈 藤등나무등)
지역 간의 다툼

빈부 격차(貧가난할빈 富부유할부 差사이가뜰격 隔어긋날차)
가난한 사람과 부자인 사람 간에 경제적 차이가 생기는 것

빈익빈 부익부 현상
(貧 益더할익 貧 富부유할부 益富 現狀)
부자인 사람은 점점 더 부자가 되고, 가난한 사람은 점점 더 가난해지는 현상

인구 고령화 현상(人口 高높을고 齡나이령 化될화 現狀)

빈	익	빈		인	구	고	령	화				교			지	역	격	차
부				구								통			역			
격				이						주	택	문	제		갈			
차				동								제			등			

1 설명을 보고, 알맞은 낱말을 쓰세요.

일정한 영토와 거기에 사는 국민으로 → ☐ ☐ ☐ ☐
구성된 사회 집단

2 주어진 낱말을 넣어 문장을 완성하세요.

1)

	복		
	지		
야	경	국	가
	가		

국가의 역할을 치안과 국방 등의 질서 유지로 한정
지은 국가관은 ☐ ☐ ☐ ☐ 라 하고, 국가
가 적극적으로 나서서 국민의 행복을 도우려는 국
가관은 ☐ ☐ ☐ 라고 해.

2)

국	민	총	생	산
민				
소				
득				

☐ ☐ ☐ ☐ 을 국민 수로 나눈 것
을 1인당 ☐ ☐ ☐ ☐ 이라고 해.

3 문장에 어울리는 낱말을 골라 ○표 하세요.

1) (복지 국가 / 야경 국가)는 국민의 행복에 가장 큰 관심을 둬.

2) 조선은 왕이 주권을 가진 (연합국 / 군주국)이었어.

4 예문에 어울리는 낱말을 쓰세요. [사회]

국가의 경제나 문화 수준 등을 기준으로 선진국과 후진국으로 나누기
도 해요. 복지 시설, 민주화 정도, 국가 경쟁력 등으로 판단을 하기도
하지만 대표적인 기준은 1인당 ☐ ☐ ☐ ☐ 이에요. 1인당
☐ ☐ ☐ ☐ 은 국민 총생산을 국민 수로 나눈 것이지요.

국가
영토
국민
민주 공화국
주권
군주국
국가 연합
연합국
야경 국가
복지 국가
선진국
후진국
국가 경쟁력
국민 소득
국민 총생산
임무
의무
국민 기초 생활 보장 제도

씨낱말 블록 맞추기

사 회 문 제

1 설명을 보고, 알맞은 낱말을 쓰세요.

1) 한 사회의 질서나 모습, 사람들의 생각과 생활 방식이 변해 가는 현상 → ☐☐ ☐☐

2) 사회 변동으로 인해 생겨나는 문제점 → ☐☐ ☐☐

2 주어진 낱말을 넣어 문장을 완성하세요.

1)

지	역	불	균	형
역				
갈				
등				

도시와 촌락의 발달 정도가 달라지면서 생기는
☐☐ ☐☐☐은 ☐☐☐
☐을 초래하기도 해.

2)

		빈		
		부		
지	역	격	차	
		차		

심한 지역 불균형으로 지역 간의 격차가 생기는 것을
☐☐ ☐☐라고 하고, 가난한 사람과 부
유한 사람 간에 경제적인 차이가 생기는 것을 ☐
☐☐☐라고 해.

3)

		교		
		통		
주	택	문	제	
		제		

도시의 발달로 자동차가 많아지면서 ☐☐
☐☐, 사람이 살 집이 부족해지는 ☐☐
☐☐ 등의 문제가 생겼어.

3 문장에 어울리는 낱말을 골라 ○표 하세요.

1) 자신이 사는 지역만 생각하는 (지역 갈등 / 지역 이기주의)은(는) 좋지 않아.

2) 과학 기술의 발전으로 수명이 늘어나서 (인구 고령화 현상 / 교통 문제) 이(가) 생겼어.

사회 문제

사회 변동

인구 이동

도시 문제

환경 문제

쓰레기 문제

교통 문제

주택 문제

지역 불균형

지역 격차

지역 이기주의 현상

지역 갈등

빈부 격차

빈익빈 부익부 현상

인구 고령화 현상

'태권도 협회', '의사 협회' 등의 모임 이름을 들어 본 적 있지요? 이처럼 모임 이름을 ~협회로 짓는 경우가 많은데 '같은 목적을 가진 회원들이 협력하여 세운 모임'이란 뜻이지요.

그럼 회의는 무엇일까요? 어떤 일을 의논하기 위해 모이는 일이에요. 회의는 '의논'에, 협회는 '모임'에 강조를 둔 것이지요.

고구려, 신라, 고려 시대의 모임

고구려에는 중요한 국가의 정책을 의논하기 위한 모임인 제가 회의가 있었어요. 여러 부족의 우두머리들이 모여 회의를 했다는 데서 붙여진 이름이지요. 고구려 때는 우두머리를 제가라고 했거든요.

신라에도 귀족들이 모여 화백 회의를 했어요. 화백(和白)은 여러 사람이 함께 말한다는 뜻이지요. 이 화백 회의의 의장을 상대등이라고 불렀어요. 상대등은 등급이 제일 높다는 뜻이에요.

고려 시대에는 나라의 국방에 대해서 의논하는 모임인 도병마사가 있었어요. 병마사는 나라의 국방을 책임졌던 관직으로, 각 도로 파견되었지요. 이들 병마사는 국방에 중대한 일이 있을 때 모여서 회의를 했다고 해요.

協 화합할 협 　 會 모일 회

같은 목적을 가진 사람들이 협력하여 세운 모임

■ **회의**(會議의논할 의)
모여 의논함. 또는 그런 모임

■ **의논**(議論논의할 논)
서로 의견을 주고받음

■ **제가 회의**
(諸모두 제 加더할 가 會議)
고구려 때 국가의 정책을 의결하던 우두머리들의 회의

■ **화백 회의**
(和화합할 화 白말할 백 會議)
신라의 귀족 회의

■ **상대등**
(上위 상 大클 대 等등급 등)
화백 회의의 우두머리

■ **도병마사**(都도읍 도 兵병사 병馬말 마 使관리 사)
고려 시대의 국방 회의 기구

이제 축제나 행사를 위한 모임을 소개할게요. 대표적인 것이 통일신라 때 시작되어 국제적인 축제로 이어진 팔관회와 고려의 연등회예요. 왕실은 팔관회를 열어 제사도 지내고 나라와 왕실의 안녕을 빌었어요. 지금도 부처님 오신 날이면 연등 행사를 하는데 고려 시대에 이미 연등회가 있었지요.

근대의 모임

1986년에 세워진 독립 협회가 있어요. 독립 협회는 우리나라의 자주독립을 목적으로 세운 협회예요. 독립신문을 만들고, 모금 운동을 해서 독립문을 세웠어요. 그리고 1898년에는 만민 공동회인 민중 대회를 열었답니다.

일제의 탄압이 점점 심해지면서 '독립'이란 말을 쓸 수 없게 되자, 1907년 새로운 민중 모임이란 뜻의 신민회, 1927년 새로운 줄기 모임이란 뜻의 신간회를 만들었어요.

1931년에는 우리말, 조선어를 연구하는 모임인 조선어 학회가 만들어졌어요. 이 시기는 일제 강점기였어요. 그래서 일본은 1942년에 조선어 학회 회원들을 독립운동 단체로 꾸며서 회원들을 감옥에 보냈어요. 이를 조선어 학회 사건이라고 해요.

■ **팔관회**
(八여덟팔 關관계할관 會)
국가 행사로 행하였던 불교 의식

연등회(燃탈연 燈등등 會)
석가모니의 탄생일에 불을 켜고 기도를 드리는 불교 의식

■ **독립 협회**
(獨홀로독 立설립 協會)
자주독립을 목적으로 세운 협회

■ **독립신문**
(獨立 新새신 聞들을문)
한국 최초의 민간 신문

독립문(獨立 門문문)
1897년 독립 협회가 한국의 독립을 선언하기 위하여 세운 건물

만민 공동회(萬만만 民백성민 共함께공 同같을동 會)
1898년 독립 협회 주최로 서울 종로에서 열린 민중 집회

■ **신민회**(新새신 民會)

■ **신간회**(新새신 幹기둥간 會)

■ **조선어 학회**(朝아침조 鮮고울선 語말씀어 學배울학 會)
국어의 연구·발전을 목적으로 한 민간 학술 단체

■ **조선어 학회**(朝鮮語學會)
사건(事일사 件사건건)

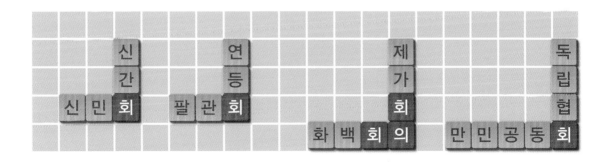

식민 지배에 저항한 항일 운동

항 일 운 동

대한 독립 만세!

운동은 대개 몸을 움직이는 활동을 말하지만, 넓은 의미로는 어떤 목적을 이루려고 힘쓰는 모든 활동을 말해요.

시민의 입장에서 행해지는 시민운동, 일본의 식민 지배에 저항하여 독립을 이루려는 항일 운동 등이 그 예이지요.

우리나라는 여러 운동을 거치면서 성장했어요.

그럼 역사적으로 어떤 운동들이 무슨 목적으로 세워졌는지 함께 알아봐요.

힘을 기르기 위한 운동

3·1 운동은 1919년 일본의 식민지 지배에 저항해 '대한 독립 만세'를 외쳤던 운동이지요.

동학 농민 운동은 1894년 동학교도들과 농민들이 힘을 합쳐 외국 세력에 저항한 운동이에요.

우리나라는 일본의 식민지가 되기 전에 일본에 빚을 졌는데 일본이 이를 빌미로 우리나라에 자꾸 간섭을 하려고 해서, 이 빚을 갚으려는 운동이 일어났어요. 이를 국채 보상 운동이라고 해요.

물산 장려 운동은 우리 민족의 사업을 발전시켜 경제적 독립을 이루

抗 막을 항 **日** 해 일 **運** 움직일 운 **動** 움직일 동

일본의 식민 지배에 저항하여 독립을 이루려는 운동

■ **시민운동**

(市 시장 시 民 백성 민 運動)

시민의 입장에서 행해지는 사회적 운동

■ **3·1 운동**(運動)

1919년 3월 1일. 일본의 식민지 지배에 저항해 일어난 독립운동

■ **동학 농민 운동**(東 동녘 동 學 배울 학 農 농사 농 民 運動)

1894년 동학교도들과 농민들이 힘을 합쳐 서양과 외국 세력에 저항한 운동

■ **국채 보상 운동**(國 나라 국 債 빚 채 報 갚을 보 償 갚을 상 運動)

일본으로부터 빌려 쓴 돈을 갚기 위해 벌인 운동

려고 했던 운동이에요. 국산품 사용, 절약 등을 장려했어요.

일본에 저항하려면 국민이 깨어나야 된다고 생각해, 글을 모르는 사람들에게 글을 깨우치게 하려는 문맹 퇴치 운동도 벌였어요.

국채 보상 운동이나, 물산 장려 운동, 문맹 퇴치 운동의 목적은 결국 우리 민족의 힘을 길러 일본에 저항하고자 한 운동이었어요.

신탁 통치 반대 운동은 8·15 광복 직후, 우리나라가 '국제 연합이 우리나라가 안정되기까지 신탁 통치를 하려는 결정'을 반대한 운동이에요. 신탁은 믿고 맡긴다는 뜻이고, 신탁 통치는 통치를 믿고 맡긴다는 것이에요.

좋게 고치려는 운동

개선은 좋게 고치는 것을 말하지요. 대표적인 개선 운동으로 1970년대의 새마을 운동을 들 수 있어요.

새마을 운동은 지붕 개량, 마을길 확장, 공동 빨래터 설치 등의 기초적인 환경 개선 사업을 중심으로 전개되었어요.

또 소비자의 권리 보호를 위한 법·제도 개선 활동을 중심으로 한 운동인 소비자 운동이 있어요.

여성에 대한 성차별을 반대하면서 여성의 삶을 개선하고자 하는 활농은 여성 운동이라고 해요.

■ **물산 장려 운동**(物물건 물 産낳을산 奬장려할장 勵힘쓸려 運動)
민족의 사업을 발전시켜 경제적 독립을 이루려고 했던 운동

■ **문맹 퇴치 운동**
(文글월 문 盲장님 맹 退물러날 퇴 治다스릴치 運動)
글을 모르는 사람들에게 글을 깨우치는 운동

■ **신탁 통치 반대 운동**(信믿을신 託부탁할탁 統거느릴통 治다스릴치 反반대할반 對대할대 運動)
신탁 통치를 하려는 결정을 반대한 운동

■ **개선**(改고칠개 善좋을 선)
잘못된 것이나 나쁜 것을 고쳐 더 좋게 만듦

■ **새마을 운동**(運動)
1970년에 생활 환경 개선과 소득 증대를 위해 실시한 운동

■ **소비자 운동**(消쓸 소 費쓸 비 者사람자 運動)
소비자의 권리 보호를 위한 운동

■ **여성 운동**(女여자 여 性성품 성 運動)
여성의 삶을 개선하고자 하는 운동

씨낱말
블록 맞추기

협 회

1 설명을 보고, 알맞은 낱말을 쓰세요.

국가의 중요한 정책을 의논하기
위해 모인 고구려의 회의 → ☐ ☐ ☐ ☐

2 주어진 낱말을 넣어 문장을 완성하세요.

1)

	신		
	민		
신	간	회	

일제 강점기에 '독립'이란 말을 쓸 수 없게 되자, 새로운
민중 모임이라는 뜻의 ☐ ☐ ☐, 새로운 줄기
모임이라는 뜻의 ☐ ☐ ☐가 생겼어.

2)

	화		
	백		
제	가	회	의
	의		

고구려 ☐ ☐ ☐ ☐의 우두머리는 제가
라고 하고, 신라의 귀족들이 모여 회의를 하던
☐ ☐ ☐의 의장은 상대등이라고 불렀어.

3 문장에 어울리는 낱말을 골라 ○표 하세요.

1) 일본이 조선어 학회 회원들을 탄압하고 감옥에 보낸 사건이 (독립 협회
   / 조선어 학회) 사건이야.

2) 고려 시대 나라의 '국방'에 대해서 의논하던 모임은 (상대등 / 도병마사)야.

4 예문에 어울리는 낱말을 써넣으세요. [한국사]

☐ ☐ ☐ ☐는 1896년 자주독립을 목적으로 세운 단체다.
☐ ☐ ☐는 누구나 신문의 내용을 이해할 수 있도록 한글로
된 ☐ ☐ ☐ 을 발간했다. 또 우리나라의 영구 독립을 선언
하고 독립 정신을 높이기 위해 ☐ ☐ ☐ 을 세우는 등 자주독립
의 의지를 보여 주었다.

협회
회의
의논
제가 회의
화백 회의
상대등
도병마사
팔관회
연등회
독립 협회
독립신문
독립문
만민 공동회
신민회
신간회
조선어 학회
조선어 학회 사건

씨낱말 블록 맞추기

항 일 운 동

1 설명을 보고, 알맞은 낱말을 쓰세요.

일본의 식민 지배에 저항하여
독립을 이루려던 운동 → ☐ ☐ ☐ ☐

2 [보기]를 보고 다음 설명에 해당하는 낱말을 쓰세요.

> **보기**   동학 농민 운동   3·1운동   여성 운동   소비자 운동   물산 장려 운동

1) 일제 강점기에 우리 민족의 사업을 발전시켜 경제적 독립을
   이루려던 운동은 ☐ ☐ ☐ ☐ ☐ ☐이야.

2) 소비자의 권리 보호를 위해 법과 제도를 개선하려는
   운동은 ☐ ☐ ☐ ☐ ☐이야.

3) 1894년 동학교도들과 농민들이 힘을 합쳐 외세에 저항했던
   운동은 ☐ ☐ ☐ ☐ ☐ ☐이야.

4) 1919년 일본에 대항하여 온 국민이 거리에 나와 태극기를 흔들며
   '대한 독립 만세'를 외쳤던 일은 ☐ ☐ ☐이야.

5) 여성에 대한 성차별을 반대하고, 여성의 삶의 질을 개선하고자
   하는 활동은 ☐ ☐ ☐ ☐이라고 불러.

3 문장에 어울리는 낱말을 골라 ○표 하세요.

1) 1919년 3월 1일, 민족이 일어나 '대한 독립 만세'를 외쳤던 (3·1 운동 /
   동학 농민 운동)이 가장 대표적인 항일 운동이야.

2) (문맹 퇴치 운동 / 국채 보상 운동)은 글을 모르는 사람들에게 글을 깨우
   치게 하는 운동이었어.

3) 8·15 광복 이후 우리나라가 안정되기까지 국제 연합이 대신 통치하려던
   일을 반대한 운동이 바로 (외세 지항 운동 / 신탁 통치 반대 운동)이야.

항일 운동
시민운동
3·1 운동
동학 농민 운동
국채 보상 운동
물산 장려 운동
문맹 퇴치 운동
신탁 통치 반대 운동
개선
새마을 운동
소비자 운동
여성 운동

빙글빙글 팽이는 회전체

납작한 비치볼에 바람을 넣어 탱탱하게 만들어 볼까요? 우아! 공에 바람을 넣자 납작했던 비치볼이 부피를 가진 입체가 되었네요. 입체는 길이와 폭, 두께를 가진 물체예요. 길이, 폭, 두께가 없이 납작한 평면과는 반대이지요. 그런데 납작한 평면 도형으로 입체 도형을 만드는 방법을 혹시 알고 있나요? 바로 회전체를 만드는 것이에요. 회전체는 회전하는 물체라는 뜻이지요.

여러 모양을 가진 회전체

도자기를 만들 때 물레를 빙글빙글 돌리면, 여러 모양의 도자기가 만들어지는 걸 본 적 있지요?

이와 같이 나무젓가락에 삼각형, 사각형 모양의 종이를 붙이고 빠르게 돌려도 새로운 모양이 만들어져요. 이렇게 평면 도형의 한 직선을 축으로 1회전 해서 만든 입체 도형을 회전체라고 해요. 나무젓가락처럼 돌릴 때 사용한 축은 회전축이라고 하지요.

그런데 이 회전축에 어떤 도형을 붙여서 돌리느냐에 따라 생기는 입체 도형의 모양이 달라져요.

직사각형을 돌리면 원기둥, 직각 삼각형을 돌리면 원뿔이 만들어져요.

回	轉	體
돌회	돌전	몸체

회전하는 물체
수학 평면 도형의 한 직선을 축으로 1회전 해서 만든 입체

■ **입체**(효설입 體)
길이와 폭, 두께를 가진 물체

■ **평면**(平평평할평 面표면면)
평평한 면

■ **평면 도형**
(平面 圖그림도 形모양형)
평면에 그려진 도형

■ **입체 도형**(효體 圖形)
삼차원 공간에서 부피를 가지는 도형

■ **회전축**(回轉 軸굴대축)
어떤 도형이 회전하여 회전체가 될 때, 그 회전의 중심이 되는 선

공 모양도 만들어 볼까요?
나무젓가락에 반원을 붙이고
뱅글뱅글 돌려 보면 공 모양이
만들어지는 걸 알 수 있어요.
이런 입체 도형을 공처럼 둥글
다는 의미로 구(球)라고 해요.
구 또한 회전체예요.
반원의 반을 1회전 하면 어떤

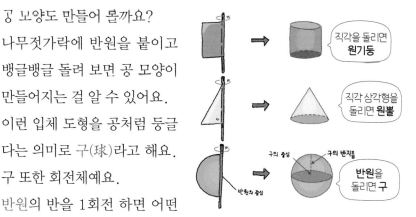

직각을 돌리면
원기둥

직각 삼각형을
돌리면 **원뿔**

구의 중심   구의 반지름

반원을
돌리면 **구**

반원의 중심

도형이 만들어질까요? 구의 반쪽만 만들어지겠죠? 이런 도형은 공
의 절반이라고 해서 반구라고 하지요.

회전체를 자르면?

돌려서 만든 회전체를 여러 방향에서 자르면 다양한 모양이 나와요.
주변에 원기둥 모양처럼 생긴 소시지를 잘라 볼까요? 소시지를 위
에서 아래로 잘라 생기는 면은 직사각형이 돼요. 회전축에 수직으로
자르면 원, 그 외에 다양한 방향으로 자르면 타원이 되기도 하지요.
이렇게 잘랐을 때 생기는 면을 '자를 단(斷)'과 '겉 면(面)'이라는 말
을 써서 단면이라고 불러요. 원기둥 외에도 입체 도형은 자르는 방
향에 따라 다른 모양의 단면이 생긴다는 걸 알 수 있어요.
하지만 예외도 있답니다. 구 모양처럼 생긴 수박을 잘라 봐요. 어떤
방향에서 어떻게 잘라도 원 모양이죠?
구는 어떤 방향에서 자르더라도 항상 원 모양의 단면이 나온답니다.

원(圓)기둥
위와 아래에 있는 면이 서로 평
행이고, 합동인 원으로 뇌어 있
는 입체 도형

원(圓)뿔
밑면이 원이고, 옆면이 곡면인
뿔 모양의 입체 도형

구(球공구**)**
공처럼 둥글게 생긴 물체

반원(半절반반 **圓)**
원을 반으로 나눈 것

반구(半球)
구의 절반

단면(斷자를 단 **面)**
물체를 잘랐을 때 생기는 면

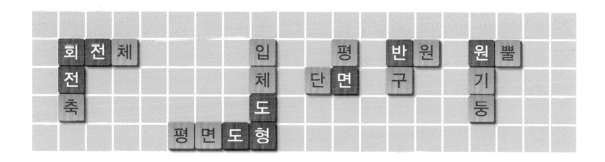

신명 나는 국악기

꽹과리 소리가 아주 인상적인 '쾌지나 칭칭 나네!' 민요는 정말 신명 나요. 이 민요에 등장하는 악기는 모두 국악기예요. 국악기는 국악을 연주하기 위한 악기로, 국악은 전통 음악인 향악과 옛날 중국에서 제사나 잔치 등의 행사에서 연주했던 음악 등을 모두 포함해요. 하지만 국악기는 여전히 어렵고 생소하다고요? 악기의 이름은 대개 악기의 모양과 연관되어 있기 때문에 이름 풀이를 알고 나면 좀 더 이해가 쉬울 거예요.

두드릴 타(打), 타악기

타악기는 두드려서 소리를 내기 때문에 그 소리를 흉내 내어 이름 붙인 악기가 있어요. 꽹과리는 '꽤꽹꽹꽹꽹' 소리가 나고, 징은 '징' 소리가 나거든요.

장구와 북도 익숙한 타악기이지요. 북은 한자로 고(鼓)라고 해요. 작은 북을 '작은 소(小)'를 써서 소고라고 하고, 앉아서 칠 수 있는 북은 '앉을 좌(坐)'를 써 좌고라고 해요.

또 국악에서 지휘자에 해당하는 사람을 집박이라고 해요. 박을 집어 들고 있기 때문이지요. 이 박 역시 타악기인데 '칠 박(拍)'을 따

國	樂	器
나라 국	음악 악	도구 기

국악을 연주하기 위한 악기

- 꽹과리
- 징
- 장구
- 북
- 소고(小작을소 鼓북고)
  작은 북
- 좌고(座앉을좌 鼓)
  앉아서 칠 수 있는 북
- 집박(執잡을집 拍칠박)
- 박(拍)
  박달나무 여섯 조각을 한쪽에 구멍을 뚫은 후 한데 묶어 만든 악기
- 편종(編엮을편 鐘쇠북종)
  종을 달아 만든 악기
- 편경(編 磬경쇠경)
  옥돌을 엮어 맨 악기

와서 이름 붙였어요.

편종과 편경도 타악기랍니다.

옆 그림의 편종은 종을 엮어 단 악기라고 해서 붙여졌는데, 망치로 쳐 소리를 내요. 편경은 경쇠라고 하는 옥돌을 엮어 맨 악기이지요.

나는 **타악기**라네. 망치로 쳐 소리를 내지.

줄을 이용한 현(絃)악기, 관을 이용한 관(管)악기

현악기는 악기에 매이 놓은 가느다란 줄들을 떨리게 해서 소리를 내요. 현을 켠다, 현을 탄다고 표현하지요. 현이 6줄인 거문고와 12줄인 가야금은 우리의 대표 국악기이지요.

비파는 인도, 중국을 거쳐 우리나라에 들어왔는데, 현이 4줄인 것은 당비파, 5줄인 것은 향비파라고 해요.

관악기는 둥근 관 안에 공기를 불어넣어 소리를 내는 악기예요.

관악기 하면 피리와 나발을 떠올리면 돼요. 피리는 음악 시간에 친숙하게 연주하는 리코더를 떠올리면 되고요. 나팔 아니냐고요? 나팔은 금속으로 만든 나팔꽃 모양의 관악기예요. 나발은 우리의 전통 관악기를 말해요.

관악기는 구멍이 뚫린 풀이나 대나무 등을 이용해 만들었어요. 그래서 악기 이름이 한자인 경우 뒤에 '댓조각 금(笒)'이나 '퉁소 소(簫)' 자가 붙어요. 큰 피리 대금, 중간 피리 중금, 작은 피리 소금이 있어요. 단소는 퉁소를 개량한 것으로 퉁소보다는 짧아 붙여진 이름이에요. 나발 모양의 우리 고유의 관악기 태평소도 있어요.

거문고
명주실로 만든 여섯 개 줄이 걸린 전통 현악기

가야금
(伽절가 倻가야아 琴거문고금)
열두 줄을 매어, 손가락으로 뜯어 소리 내는 악기

비파(琵비파비 琶비파파)
타원형의 몸통에 곧고 짧은 자루가 달린 현악기

당비파(唐당나라당 琵琶)

향비파(鄕시골향 琵琶)

피리
속이 빈 대에 구멍을 뚫고 불어서 소리를 내는 악기

나팔(喇나팔나 叭입벌릴팔)
나팔꽃 모양의 금속 관악기

나발
위는 가늘고 끝은 퍼진 모양의 악기

대금(大큰대 笒)

중금(中가운데 笒)

소금(小笒)

단소(短짧을단 簫퉁소소)
대나무로 만들며 구멍이 앞에 네 개, 뒤에 한 개 있음

태평소(太클태 平평평할평 簫)
나팔 모양의 관악기

1 설명을 보고, 알맞은 낱말을 쓰세요.

평면 도형을 입체로 만드는 것으로,
회전하는 물체를 이르는 말 → ☐ ☐ ☐

2 주어진 낱말을 넣어 문장을 완성하세요.

1)

```
      입
      체
평  면  도  형
      형
```

길이와 폭, 두께를 가진 도형을 ☐ ☐ ☐ ☐
이라고 하고, 길이와 폭, 두께가 없이 납작한 도형을
☐ ☐ ☐ ☐ 이라고 해.

2)

```
회  전  체
   전
   축
```

어떤 도형이 회전하여 ☐ ☐ ☐ 가 될 때,
그 회전의 중심이 되는 선은 ☐ ☐ ☐ 이야.

3)

```
반  원
구
```

원을 반으로 나눈 것은 ☐ ☐ , 구를 반으로 나눈 것은
☐ ☐ 야.

3 문장에 어울리는 낱말을 골라 ○표 하세요.

1) (입체 / 평면)는 길이와 폭 두께를 가지고, 공간을 차지해.

2) 회전체를 회전축의 가로로 자르면 (원 모양 / 다양한 모양)의 단면이 생겨.

4 예문에 어울리는 낱말을 써 넣으세요. [수학]

직사각형이나 직각 삼각형과 같은 평면 도형을 한 직선을 축으로 하여
1회전 해서 얻어지는 입체 도형을 ☐ ☐ ☐ 라고 한다. 이때 축으로
사용한 직선은 ☐ ☐ ☐ 이다. 원기둥과 원뿔은 각각 직사각형과
직각 삼각형을 회전시켜 만든 ☐ ☐ ☐ 이다.

회전체
입체
평면
평면 도형
입체 도형
회전축
원기둥
원뿔
구
반원
반구
단면

씨낱말
블록 맞추기

국 악 기

① 설명을 보고, 알맞은 낱말을 쓰세요.

국악을 연주하기 위한 악기 → ☐☐☐

② [보기]를 보고 다음 설명에 해당하는 낱말을 쓰세요.

> **보기**   북   편경   가야금   비파   대금

1) 나무로 만든 관악기로 소금, 중금, 대금 가운데 가장 큰 것은 ☐☐
   이야.

2) 경쇠라고 하는 옥돌을 엮어 맨 악기의 이름은 ☐☐이야.

3) 때려서 소리를 내는 타악기 중 하나로, 채로 가죽 부분을 쳐서 소리를 내
   는 악기의 이름은 ☐이야.

4) 우리나라의 전통 현악기로 열두 개의 줄을 매어 손가락으로 뜯어 소리를
   내는 악기는 ☐☐☐이야.

5) 타원형의 몸통에 곧고 짧은 자루가 달린 현악기로 현이 4줄인 것은 당
   ☐☐, 현이 5줄인 것은 향☐☐라고 해.

③ 문장에 어울리는 낱말을 골라 ○표 하세요.

1) (편종 / 편경)은 매달아 엮은 종을 치는 국악기야.

2) 퉁소를 개량한 것으로 퉁소보다 짧고 가는 관악기는 (소금 / 단소)야.

3) 명주실을 꼬아 만든 우리나라 전통 현악기로, 6개의 줄이 있는 악기의
   이름은 (가야금 / 거문고)야.

4) 나팔 모양의 금속 관악기는 (나팔 / 나발)이야.

국악기
꽹과리
징
장구
북
소고
좌고
집박
박
편종
편경
거문고
가야금
비파
당비파
향비파
피리
나팔
나발
대금
중금
소금
단소
태평소

2)
4)
7)
1)
5)
6)
8)
3)
9) 11) 13)
10) 14) 15)
12)

정답 | 143쪽

🔑 가로 열쇠

1) 천체가 정남(正南)의 위치에 왔을 때의 태양의 고도
2) 많은 사람들이 한꺼번에 이동하는 현상. 우리나라에서는 도시가 개발되면서 촌락에서 도시로의 ○○○○이 일어났다.
3) 여러 음이 서로 조화를 이루는 것
5) 주권이 국민에게 있는 나라. "대한민국은 ○○○○○이야."
10) 회전하는 물체. 모든 입체 도형은 평면 도형의 ○○○이다.
11) 벽에 기대어 놓거나 세워 둔 간판. 우리말로 '세움간판'이라고 함
12) 고려 시대의 국방 회의 기구
14) 백 번 싸워 백 번 이긴다는 뜻으로, 모든 싸움에서 다 승리를 거두는 것을 뜻하는 사자성어

🔑 세로 열쇠

1) 적도를 중심으로 지구를 반으로 나누었을 때 남쪽의 부분
2) 우리 사회의 인구 중 노인 인구가 차지하는 비율이 높아지는 현상. ○○○○○ 현상
4) 1894년 동학교도들과 농민들이 힘을 합쳐 서양과 외국 세력에 저항한 운동
6) 지구는 스스로 도는 자전을 하면서 태양 주위를 ○○한다.
7) 서로 잘 어울리지 못해 조화를 이루지 못함. 조화 ↔ ○○○
8) 우리나라 전통 고유의 악기를 통틀어 일컫는 말
9) 같은 목적을 가진 사람들이 모여 유지해 가는 모임
11) 삼차원 공간에서 부피, 폭, 높이를 가지는 도형
13) 신라의 귀족인 화백이 모여 나랏일을 의논한 회의. ○○ 회의
15) 백 일 동안 붉다는 뜻의 이름을 가진 꽃. 국화과의 한해살이풀

1 밑줄 친 '만(萬)'의 뜻이 <u>다른</u> 하나는? (   )   국어능력인증시험형

① <u>만</u>년필(<u>萬</u>年筆)   ② 자손<u>만</u>대(子孫<u>萬</u>代)   ③ <u>만</u>수무강(<u>萬</u>壽無疆)

④ 위험천<u>만</u>(危險千<u>萬</u>)   ⑤ 천년<u>만</u>년(千年<u>萬</u>年)

2 밑줄 친 부분을 가장 적절한 한자어로 대체한 것은? (   )   국어능력인증시험형

① 둘은 <u>서로 마주 대해</u> 있다. → 相續(상속)

② 매일 <u>반복되는 생활</u>을 귀하게 여겨라. → 非常(비상)

③ 제사 때는 <u>나무로 만든 그릇</u>을 쓰곤 했다. → 食器(식기)

④ 무엇이든 목적과 기능에 맞게 <u>부려 써야</u> 한다. → 使徒(사도)

⑤ <u>남의 잘못을 너그러이 받아들이는</u> 자세가 절실하다. → 寬容(관용)

3 밑줄 친 낱말의 뜻이 바르지 <u>않은</u> 것은? (   )   국어능력인증시험형

① 투표권을 <u>행사</u>하기 위해 나선다. → 권리나 힘 따위를 사용함

② 그렇게 말하면 오해하기 <u>십상</u>이다. → 항상 예외로 취급함

③ 우리에겐 <u>상부상조</u>의 전통이 있다. → 서로서로 도움

④ 형사 K가 <u>용의자</u>의 뒤를 쫓기 시작했다. → 의심을 받는 사람

⑤ <u>석기</u> 시대는 신석기 시대와 구석기 시대로 나뉜다. → 돌로 만든 도구

4 괄호 안의 한자가 바르지 <u>않은</u> 것은? (   )   KBS 한국어능력시험형

① 기(器)구   ② 사(使)신   ③ 상(相)생

④ 수상(常)   ⑤ 용(龍)납

5 밑줄 친 낱말이 문장의 맥락에 맞지 <u>않게</u> 쓰인 것은? (　　) KBS 한국어능력시험형

① 잔뜩 찌푸린 얼굴이 <u>오만상</u>이다.

② 생김새가 모두 다 른 게, <u>천태만상</u>이다.

③ 여인의 모습이 몹시 추하니, <u>화용월태</u>라 할 만하다.

④ <u>제행무상</u>이니, 모든 건 한 모양으로 머물러 있지 않는 법이다.

⑤ 훌륭한 사람이 되려면 시간과 노력이 필요한 법, <u>대기만성</u>을 되새겨라.

6 〈보기〉의 빈칸에 들어갈 알맞은 낱말을 바르게 짝 지은 것은? (　　) 수학능력시험형

〈보기〉
(가) 어떤 사물에 대해 갖고 있는 구체적인 생각은 사□이라고 하죠. 마음속에 일어나는 느낌이나 생각은 감□이구요. 어떤 일을 직접 하기 전에 미리 하는 생각은 예□이고, 어떤 새로운 생각을 해 내는 것은 발□이라고 합니다.

(나) 실제 모양은 형○, 구리로 만든 사람이나 동물 모양은 동○이라고 하지요. 부처님의 모양을 표현한 것은 불○이라고 하고, 실제 없는 것이 있는 것처럼 나타나면 허○이 나타났다고 해요. 우○은 신처럼 숭배하는 대상이 되는 물건이나 사람을 말하죠.

① (가) 상 (나) 상　　　② (가) 견 (나) 상　　　③ (가) 상 (나) 견

④ (가) 견 (나) 견　　　⑤ (가) 상 (나) 강

7 문맥에 맞는 낱말을 <u>잘못</u> 선택한 것은? (　　) 수학능력시험형

① 오늘은 개구리에 대해 (염탐 / <u>탐구</u>)해 볼 예정이다.

② 다른 힘을 받아 움직이는 것을 (능동적 / <u>수동적</u>)이라고 한다.

③ 이 물건에 포함된 (세율 / <u>확률</u>)이 높아, 가격에 영향을 미친다.

④ 검사는 범인의 유죄를 (증권 / <u>증명</u>)하기 위해 증인을 신청한다.

⑤ 체육 시간에 선생님께서 "(<u>기준</u> / 표준)부터 양팔 벌려 좌우 나란히!"라고 말한다.

8 〈보기〉의 빈칸에 들어갈 낱말을 바르게 짝 지어진 것은? (　　) 수학능력시험형

〈보기〉

예로부터 우리 민족은 서로 이야기를 주고받으면서 정보를 교환함은 물론 배움을 익혀 왔습니다. 그런 만큼 이와 관련된 낱말이 발달해 있습니다. 평범한 의미로 서로 이야기를 주고받는 것은 (가) 라고 하죠. 한자리에 앉아서 이야기를 나누는 것은 (나) 이라고 합니다. 쓸데없이 떠드는 말을 뜻하는 단어로 (다) 이 있고, 괴상한 이야기는 (라) 이라고 합니다.

① (가) 담화 　(나) 잡담 　(다) 좌담 　(라) 괴담

② (가) 잡담 　(나) 괴담 　(다) 담화 　(라) 좌담

③ (가) 괴담 　(나) 담화 　(다) 좌담 　(라) 잡담

④ (가) 담화 　(나) 좌담 　(다) 잡담 　(라) 괴담

⑤ (가) 좌담 　(나) 잡답 　(다) 괴담 　(라) 담화

9 한자와 그 뜻이 바르지 <u>않게</u> 짝 지어진 것은? (　　) 한자능력인증시험형

① 受 – 주다 　　　　② 探 – 찾다 　　　　③ 效 – 보람

④ 話 – 말씀 　　　　⑤ 除 – 제거하다

10 다음 〈보기〉의 밑줄 친 낱말 중에서 한자로 고친 것이 <u>틀린</u> 것은? (　　) 한자능력인증시험형

〈보기〉

효(效)는 보람을 나타내는 낱말을 만들어요. 일을 하고 난 뒤에 얻는 보람이나 좋은 결과를 <u>(가)효과</u>라고 해요. 효과가 있을 때는 유효, 없을 때는 무효라고 해요. 보람 있게 쓰이는 것은 <u>(나)효용</u>, 일이나 치료의 모람은 <u>(다)효험</u>, 약이 가지는 효과는 <u>(라)약효</u>, 어떤 것이 가지는 능력은 <u>(마)효능</u>이라고 합니다.

① (가) 效科 　　　　② (나) 效用 　　　　③ (다) 效驗

④ (라) 藥效 　　　　⑤ (마) 效能

⑪ 밑줄 친 부분을 적절한 낱말로 대체하지 <u>않은</u> 것은? (　　) 국어능력인증시험형

① 은비는 <u>아들 없는 집안의 외동딸</u>이다. → 무남독녀

② 명수는 섬에 갇혀 <u>외롭게 홀로 서</u> 있었다. → 사립

③ 우리 가족은 <u>서로 뜻이 맞고 정다워</u>. → 화목

④ <u>태어난 날로부터 100일째 되는 날</u>엔 큰 잔치가 벌어진다. → 백일

⑤ 학교 담벼락에 <u>아무렇게나 흘려 쓴 글</u>이 여기저기 눈에 띄었다. → 낙서

⑫ 밑줄 친 낱말의 뜻이 바르지 <u>않은</u> 것은? (　　) 국어능력인증시험형

① <u>정당한</u> 권리를 주장하는 것은 시민의 의무다. → 바르고 마땅함

② 이 <u>서한</u>을 아무에게도 들키지 말고 전달해야 한다. → 편지

③ 선생님은 <u>백문불여일견</u>이라는 말을 자주 하시곤 했다. → 백 번 보는 것이 한 번 듣는 것만 못함

④ 영희의 돌출 행동으로 내 <u>입장</u>이 난처하게 되어 버렸다. → 처한 상황이나 형편

⑤ 식민지 치하 <u>독립</u> 투쟁 용사들의 노고를 잊지 말아야 한다. → 남에게 기대지 않고 홀로 섬

⑬ 〈보기〉의 빈칸에 들어갈 알맞은 낱말을 바르게 짝 지은 것은? (　　) 수학능력시험형

─〈보기〉─

지구는 하루도 쉬지 않고, 매일 한 바퀴씩 빙글빙글 돌아요. 힘들다고 하루라도 쉰다면 낮과 밤이 없어지고, 종일 밤이거나 종일 낮이 돼 버리고 말 거예요. 이처럼 지구가 혼자 스스로 도는 것을 ☐ (가) ☐ 이라고 해요. 또 지구는 혼자만 돌지 않고 무리를 지어 태양 주위를 크게 돌기도 해요. 이를 ☐ (나) ☐ 이라 한답니다.

① (가) 공전　(나) 자전　　② (가) 자전　(나) 회전　　③ (가) 공전　(나) 회전

④ (가) 자전　(나) 공전　　⑤ (가) 회전　(나) 공전

⑭ 밑줄 친 낱말에 대한 설명이나 맥락이 적절하지 <u>않은</u> 것은? (   )

① 글로민 보내지 말고, 얼굴 보면서 <u>서면</u>으로 보고하게.

② 논 주인은 당장 돈이 아쉬워 <u>입도선매</u>한 수밖에 없었다.

③ 눈앞에 안 계신 분을 일러 <u>당신</u>이라고 하면 높임말이 된다.

④ <u>백성</u>이란 모든 성씨의 사람이란 뜻으로, 보통 사람을 뜻한다.

⑤ 다툼을 멈추고 좋지 않은 마음을 없애는 <u>화해</u>의 과정에 들어섰다.

⑮ 문맥에 맞는 낱말을 <u>잘못</u> 선택한 것은? (   )

① 대한민국은 (군주국 / <u>민주 공화국</u>)입니다.

② 회전축에 직각 삼각형을 돌리면 (<u>원기둥</u> / 원뿔)이 만들어진다.

③ 사회가 변화하면서 다양한 (<u>사회 문제</u> / 사회 변동)가 생겨났다.

④ 신라 귀족은 상대등을 의장으로 (제가 회의 / <u>화백 회의</u>)를 했다.

⑤ 일제하 (<u>항일 운동</u> / 시민운동)의 전통은 면면히 이어지고 있다.

⑯ 〈보기〉의 빈칸에 들어갈 낱말을 바르게 짝 지은 것은? (   )

〈보기〉
현악기는 악기에 매어 놓은 가느다란 줄들을 떨리게 해서 소리를 내는 악기예요. 현을 켠다, 또는 현을 탄다고 표현하지요. 현이 6줄인 (가) 와 12줄인 (나) 은 우리의 대표 국악기이지요. 비파는 인도·중국을 거쳐 우리나라에 들어왔는데, 현이 4줄은 당비파, 5줄은 향비파입니다.
관악기는 둥근 관 안에 공기를 불어넣어 소리를 내는 악기예요. 나무로 만든 관악기로 소금, 중금, 대금이 있어요. 그중 가장 큰 것은 (다) 이에요.

① (가) 거문고　(나) 해금　　(다) 소금　　② (가) 가야금　(나) 거문고　(다) 대금

③ (가) 거문고　(나) 가야금　(다) 대금　　④ (가) 가야금　(나) 해금　　(다) 중금

⑤ (가) 해금　　(나) 가야금　(다) 중금

톡톡 문해력 감상문 다음 감상문을 읽고, 문제를 풀어 보세요.

부모님과 함께 영화 〈레 미제라블〉을 보았다. 이 영화는 빅토르 위고가 1862년에 발표한 소설을 바탕으로 만든 거라고 한다. 그런데 영화를 보다 보니 〈레 미제라블〉은 내가 1학년 때 읽은 〈장 발장〉과 같은 내용이었다. '장 발장'은 〈레 미제라블〉의 주인공이었던 것이다.

주인공 장 발장은 빵 한 조각을 훔친 죄로 19년 동안 감옥살이를 한다. 미리엘 주교가 갈 곳 없는 장 발장을 따뜻하게 감싸 준다. 새사람이 된 장 발장은 열심히 일을 해서 백만장자가 되고 시장까지 된다. 그리고 어려운 사람들을 도와 준다. 그중에는 장 발장의 공장에서 일하던 팡틴도 있었다. 팡틴은 장 발장에게 테나르디에 부부에게 맡겨진 코제트를 돌봐 달라고 부탁하고 죽는다. 테나르디에 가족은 코제트를 마구 부려먹고 있었다. 장 발장은 코제트를 구해 다른 도시로 떠난다. 어른이 된 코제트는 마리우스라는 청년과 사랑에 빠진다. 마리우스는 혁명 운동에 참가했다가 위험에 빠지는데, 장 발장이 구해 주었다. 그 뒤 둘은 결혼하고 장 발장은 평화롭게 죽는다.

이 영화에서 가장 기억에 남는 장면은 팡틴이 테나르디에 부부에게 보낼 돈을 마련하기 위해 머리카락과 어금니를 팔고 노래를 부르는 모습이었다. 나는 이 장면을 보면서 눈물이 났다. 팡틴을 이렇게 만든 테나르디에 가족이 정말 미웠다.

---

1 글쓴이가 본 영화는 무엇인가요?

---

2 장 발장이 19년이나 감옥에 갇혀 있었던 까닭은?

---

3 장 발장이 새사람이 될 수 있었던 까닭은?

---

4 글쓴이가 눈물이 난 장면은 무엇이라고 했나요?

톡톡 문해력 기사문 **다음 기사문을 읽고, 문제를 풀어 보세요.**

한류 탐사 – 한국 음식 세계인의 입맛을 시로잡다

라면 수출량 30%가 늘어
우리나라 음식이 전 세계에서 큰 인기를 얻고 있다. 오래전부터 인기가 있던 비빔밥과 불고기에 이어 라면, 김치, 김, 만두 등이 세계인의 입맛을 사로잡은 것이다. 특히 라면의 인기가 매우 높다. 농림 축산 식품부에 따르면 올해 우리나라 라면의 수출량이 작년에 비해 30%기 늘었디고 힌다. 또한 김치의 수출량도 꾸준히 증가하고 있으며 아시아를 넘어 북미와 유럽에서도 건강 식품으로 주목받고 있다.

한류의 영향력 높아져
우리나라 음식이 세계인의 입맛을 사로잡을 수 있었던 까닭은 우리나라 문화에 대한 세계인의 관심이 높아졌기 때문이다. 특히 해외에서 인기가 아주 높은 음악, 드라마, 영화 같은 한류의 영향이 크게 영향을 미쳤다고 보고 있다. 이제 한류는 우리나라 경제 성장을 이끄는 주역일 뿐만 아니라 전 세계에 우리나라의 문화적 영향력을 알리는 중요한 도구다.

---

1 이 기사의 중심 내용은 무엇인가요?

----

2 우리나라 라면이 세계인의 입맛을 사로잡을 수 있었던 까닭은?

----

3 김치는 무엇 때문에 북미와 유럽에서 주목하고 있나요?

----

4 글쓴이는 한류를 무엇이라고 했나요?

정 답

어휘 퍼즐 | 72쪽

면	역	력		측	은	지	심
책					팔		상
특		제	오	만	상		
권	한	행	사		대		
무		내	장	기		관	
상	부	상	조		경	계	산	기
상		명			자			초
력		이	상	형				공
	약	상				밀	사	
	효	율	적					

百 일백 백 │78~79쪽

1. 百
2. 1) 백일 2) 백합 3) 백제 4) 백화점
3. 1) 백날 2) 백방 3) 백발백중 4) 백관
4. 1) 백문 2) 백엽상 3) 당백전 4) 백전백승
5. 1) 백해무익 2) 백발백중 3) 백년가약 4) 백만장자
6. 1) 백년초 2) 일당백 3) 백부장 4) 백성

書 글 서 │84~85쪽

1. 書
2. 1) 낙서 2) 서기 3) 엽서 4) 서재
3. 1) 독서 2) 보고서 3) 서당 4) 서점
4. 1) 서한 2) 문서
5. 독서왕
6. 1) 서점 2) 교과서 3) 서당 4) 서예

獨 홀로 독 │90~91쪽

1. 獨
2. 1) 독자 2) 독학 3) 독립군 4) 독신자
3. 1) 독재 2) 독립 3) 독주곡 4) 독방
4. 1) 독점 2) 독식 3) 독탕
5. 1) 독재자 2) 독립운동
6. 무남독녀

立 설 입 │96~97쪽

1. 立
2. 1) 입국 2) 입체 3) 입상 4) 입추
3. 1) 입법 2) 입장 3) 입춘 4) 입식
4. 1) 입석 2) 입추 3) 입각 4) 입지
5. 1) 입후보자 2) 입간판
6. 입신

和 화목할 화 │102~103쪽

1. 和
2. 1) 온화 2) 화기애애 3) 화란 4) 화음
3. 1) 평화 2) 친화 3) 불화 4) 화음
4. 1) 조화 2) 화해 3) 공화국
5. 1) 화목 2) 가정 불화 3) 화창 4) 화색
6. 부화뇌동

當 마땅할 당 │108~109쪽

1. 當
2. 1) 당번 2) 당부 3) 정당 4) 적당
3. 1) 당혹 2) 당연 3) 감당 4) 정당
4. 1) 가당 2) 적당 3) 당일 4) 당선
5. 1) 담여 2) 충당 3) 적덩량 4) 당첨
6. 1) 당장 2) 당시 3) 당일 4) 당대

씨낱말

에너지 │114쪽

1. 에너지
2. 1) 에너지 자원, 대체 에너지 2) 위치 에너지, 운동 에너지
3. 1) 운동 에너지 2) 에너지 자원 3) 에너지 보존

자전, 공전 │115쪽

1. 1) 자전 2) 공전
2. 1) 고도, 남중 고도 2) 자전 주기, 공전 주기
3. 1) 공전 2) 자전축
4. 자전, 자전, 자전

국가, 국민 │120쪽

1. 국가
2. 1) 야경 국가, 복지 국가 2) 국민 총생산, 국민 소득
3. 1) 복지 국가 2) 군주국
4. 국민 소득, 국민 소득

사회문제 │121쪽

1. 1) 사회 변동 2) 사회 문제
2. 1) 지역 불균형, 지역 갈등 2) 지역 격차, 빈부 격차
   3) 교통 문제, 주택 문제
3. 1) 지역 이기주의 2) 인구 고령화 현상

협회 │126쪽

1. 제가 회의
2. 1) 신민회, 신간회 2) 제가 회의, 화백 회의
3. 1) 조선어 학회 2) 도벌마사
4. 독립 협히, 독립 협회, 독립신문, 독립문

항일 운동 │127쪽

1. 항일 운동
2. 1) 물산 장려 운동 2) 소비자 운동 3) 동학 농민 운동
   4) 3·1운동 5) 여성 운동
3. 1) 3·1운동 2) 문맹 퇴치 운동 3) 신탁 통치 반대 운동

회전체 │132쪽

1. 회전체
2. 1) 입체 도형, 평면 도형 2) 회전체, 회전축 3) 반원, 반구
3. 1) 입체 2) 원 모양
4. 회전체, 회전축, 회전체

국악기 │133쪽

1. 국악기
2. 1) 대금 2) 편경 3) 북 4) 가야금 5) 비파, 비파
3. 1) 편종 2) 단소 3) 거문고 4) 나팔

어휘 퍼즐 │134쪽

	⁶인	구	이	⁷동				
	구			학		⁸부		
⁹남	중	고	도			조		
반		령		¹¹민	주	¹²공	¹³국	
구		¹⁰화	음		운	전	악	
					동		기	
¹⁴협		¹⁵입	간	판		화		
¹⁶회	전	체			¹⁷백	전	¹⁸백	승
			¹⁹도	병	마	사	일	
			형				홍	

종합 문제 │135~139쪽

1. ④ 2. ⑤ 3. ② 4. ⑤ 5. ③ 6. ① 7. ③ 8. ④ 9. ① 10. ①
11. ② 12. ③ 13. ④ 14. ① 15. ② 16. ③

문해력 문제 │140~141쪽

1. 〈레 미제라블〉
2. 빵 한 조각을 훔쳐서
3. 미리엘 주교가 갈 곳 없는 장 발장을 감싸 주었기 때문에
4. 팡틴이 머리카락과 어금니를 팔고 노래를 부르는 장면

1. 라면이나 김치 같은 우리나라 음식이 전 세계에서 큰 인기를 얻고 있다.
2. 우리나라 문화에 대한 세계인의 관심이 높아졌기 때문에
3. 김치가 건강 식품이므로
4. 경제 성장을 이끄는 주역이자 문화적 영향력을 세계에 알리는 도구

집필위원

정춘수 권민희 송선경 이정희 신상희 황신영 황인찬 안바라

손지숙 김의경 황시원 송지혜 황현정 서예나 박선아 강지연

강유진 김보경 김보배 김윤철 김은선 김은행 김태연 김효정

박 경 박선경 박유상 박혜진 신상원 유리나 유정은 윤선희

이경란 이경수 이소영 이수미 이여신 이원진 이현정 이효진

정지윤 정진석 조고은 조희숙 최소영 최예정 최인수 한수정

홍유성 황윤정 황정안 황혜영 신호승

문해력 잡는 초등 어휘력 **D-2** 단계

글 송선경 황시원 송지혜 손지숙 신호승
그림 박종호
기획 개발 정춘수

1판 1쇄 인쇄 2025년 1월 16일
1판 1쇄 발행 2025년 1월 31일

펴낸이 김영곤 **펴낸곳** ㈜북이십일 아울북
프로젝트2팀 김은영 권정화 김지수 이은영 우경진 오지애 최윤아
아동마케팅팀 명인수 손용우 양슬기 이주은 최유성
영업팀 변유경 한충희 장철용 강경남 김도연 황성진
표지디자인 박지영 임민지

출판등록 2000년 5월 6일 제406-2003-061호
주소 (우 10881) 경기도 파주시 문발동 회동길 201
연락처 031-955-2100(대표) 031-955-2122(팩스)
홈페이지 www.book21.com

ISBN 979-11-7357-057-5
ISBN 979-11-7357-036-0 (세트)

- 제조자명 : (주)북이십일
- 주소 : 경기도 파주시 회동길 201(문발동)
- 전화번호 : 031-955-2100
- 제조연월 : 2025. 01. 31.
- 제조국명 : 대한민국
- 사용연령 : 3세 이상 어린이 제품